Thomas Löding

Einkommen für alle - sozial oder neoliberal?

Die Ideengeschichte des bedingungslosen Grundeinkommens.
Mit Modellvergleich sowie Auswirkungen auf Erwerbsarbeit, Mindestlöhne und das System der sozialen Sicherung.

Zweite Auflage 2019.

LIWI
LITERATUR- UND WISSENSCHAFTSVERLAG

Bibliografische Information der Deutschen Nationalbibliothek
Die Deutsche Nationalbibliothek verzeichnet diese Publikation in der Deutschen Nationalbibliografie; detaillierte bibliografische Daten sind im Internet über http://dnb.dnb.de abrufbar.

Bibliographic information published by the Deutsche Nationalbibliothek
The Deutsche Nationalbibliothek lists this publication in the Deutsche Nationalbibliografie; detailed bibliographic data are available on the Internet at http://dnb.dnb.de .

Thomas Löding
Einkommen für alle - sozial oder neoliberal?
Die Ideengeschichte des bedingungslosen Grundeinkommens.
Mit Modellvergleich sowie Auswirkungen auf Erwerbsarbeit, Mindestlöhne und das System der sozialen Sicherung.
Zweite Auflage, Göttingen 2019.
LIWI Literatur- und Wissenschaftsverlag
Thomas Löding, Bergenstr. 3, 37075 Göttingen
Druck: BoD GmbH, In de Tarpen 42, 22848 Norderstedt
ISBN: 978-3-96542-097-7

Inhaltsverzeichnis

1 Vorwort zur zweiten Auflage 2019

Diesem Buch geht eine mehr als zehnjährige Beschäftigung des Verfassers mit dem Thema „Bedingungsloses Grundeinkommen" voraus: Die erste Fassung dieser Arbeit war die Diplomarbeit des Autors im Fach Politikwissenschaften an der Georg-August-Universität Göttingen unter dem Titel „Das bedingungslose Grundeinkommen – eine neoliberale Forderung?".[1] Darauf basierend erschien 2017 erstmals eine - gegenüber der Abschlussarbeit leicht veränderte - Buchausgabe unter dem Titel „Einkommen für alle! Sozial oder neoliberal?".

Die positive Aufnahme der ersten Druckausgabe führt nun zu einer neu durchgesehenen zweiten Auflage. Dabei ist Anliegen und Kern dieses Buches stets gleichgeblieben: Dieses Buch möchte Klarheit in die Debatte bringen.

Die Begriffsvielfalt hat in den letzten zehn Jahren weiter zugenommen, und mit ihr die Verwirrung über den Inhalt einzelner Modelle: Befürworter mit egalitär-sozialem Hintergrund sehen sich dem Vorwurf ausgesetzt, sie planten einen „neoliberalen Abbau" des Sozialstaats. Befürworter mit neoliberalem Hintergrund sehen sich dem Vorwurf ausgesetzt, sie planten eine „Schlaraffenland-Utopie". Doch: Wer über den Inhalt der Modelle nicht reden will, muss über ihre Auswirkungen schweigen.

Die erstmals im Jahr 2007 untersuchten Modelle wurden mittlerweile teilweise weiterentwickelt, der geforderte Auszahlungsbetrag erhöht, die Armutsgefährdungsgrenze hat sich verändert. Obwohl die Zahlen in dieser Arbeit nicht alle auf den Stand von 2019 gebracht werden konnten, sind die grundlegenden Argumente zur Analyse der Auswirkungen auf *Armut*, *Erwerbsarbeit*, *Arbeitszeitverkürzung*, *Mindestlöhne* und das *System der sozialen Sicherung*. gleichgeblieben. Diese Argumente bilden wie in früheren Ausgaben den Kern des Buches und können zur Analyse gegenwärtiger und kommender Modelle dienen.

Thomas Löding, Göttingen, im Januar 2019

---

1 Löding, Thomas: Das bedingungslose Grundeinkommen – eine neoliberale Forderung? Abschlussarbeit im Rahmen der Prüfung für Diplom-Sozialwirte an der Georg-August-Universität Göttingen, Göttingen 2007.

2 Einleitung

Von Unternehmern bis zu Arbeitsloseninitiativen, von marktliberalen Ökonomen bis zu Attac, von der CDU bis zur LINKEN: Unter der Bezeichnung „bedingungsloses Grundeinkommen" fordern Befürworter aus unterschiedlichsten Kreisen nichts Geringeres als eine radikale Umgestaltung des Sozialstaats. Ein individuell ausbezahltes Einkommen für alle, ohne Bedürftigkeitsprüfung und ohne Gegenleistung, ist der Kern der Idee. Im Zuge hoher Unzufriedenheit weiter Teile der Bevölkerung mit den jüngsten Reformen des Arbeitsmarktes (Hartz I-IV) bietet diese Forderung offenbar eine willkommene, potenzielle Alternative.
Seit das bedingungslose Grundeinkommen in jüngster Zeit zum Gegenstand massenmedialen Interesses geworden ist, nimmt nicht nur die Anzahl der Befürworter mit konkreten Modellvorschlägen, sondern auch die der publizistischen und politischen Verkürzungen in der Berichterstattung zu. Von „Schlaraffenland-Utopie" oder „gefährlicher Träumerei" sprechen die Einen, von „unsolidarisch" und „neoliberalem Sozialabbau" Andere. Dabei wird meist gar nicht zwischen den einzelnen Modellen unterschieden.
Für weitere Verwirrung sorgt die Begriffsvielfalt: Neben „Grundeinkommen" werden Bezeichnungen wie „Bürgergeld", „Sozialdividende", oder „Negative Einkommenssteuer" verwendet. Unklarheit herrscht auch über die Entstehung und Herkunft der Forderung, häufig wird das Modell der „Negativen Einkommensteuer" des neoliberalen Ökonomen Milton Friedman als erstes Grundeinkommensmodell angegeben. Dennoch bezeichnet sich keiner der Befürworter in der aktuellen Debatte freiwillig als „neoliberal", da dieses Etikett seit der Globalisierungsdebatte negativ behaftet ist.
Diese Arbeit will Klarheit in die Debatte bringen. Handelt es sich bei dem bedingungslosen Grundeinkommen tatsächlich um eine neoliberale Forderung? Oder gilt das eventuell nur für einzelne Grundeinkommensmodelle? Dafür wird zunächst eine Eingrenzung des Begriffs „bedingungsloses Grundeinkommen" vorgenommen und seine Entstehungsgeschichte nachgezeichnet. In der wirtschaftswissenschaftlichen Fachliteratur ist zwar unumstritten, dass das erste detaillierte Negativsteuermodell nicht vom neoliberalen Friedman, sondern von der britischen Sozialpolitikerin Juliette Rhys-Williams aus dem Jahr 1942 stammt.[2] Da dieser Sachverhalt oftmals nicht zur Kenntnis genommen wird, wird ihr rousseauistisch-egalitär geprägtes Modell etwas ausführlicher abgehandelt. Diese Tatsache allein gibt allerdings noch keine hinreichende Antwort auf die Ausgangsfrage, da begriffliche Bedeutungswandel in der Politik

[2] Siehe Kap. 2.1.1.2 dieser Arbeit.

durchaus nicht ungewöhnlich sind.[3] Zur Beantwortung der Frage, inwieweit aktuelle Konzepte dem Inhalt nach „neoliberal" sind, ist eine nähere Bestimmung des Begriffs „Neoliberalismus" notwendig. Es wird sich zeigen, dass es aufgrund der hohen Variabilität von Positionen innerhalb der neoliberalen Theorie sinnvoll ist, sich auf einen ausgewählten Vertreter zu beziehen, um eine konkrete und nicht im Allgemeinen verbleibende Bewertung zu ermöglichen. Der oben erwähnte Milton Friedman bietet sich hierfür an, da er *erstens* als einer der bedeutendsten und einflussreichsten Vertreter des Neoliberalismus im 20. Jahrhundert gilt und *zweitens* sein Sozialstaatsverständnis im Rahmen eines Negativsteuermodells konkretisiert hat. Bezugnehmend auf Friedmans Verständnis vom Neoliberalismus werden vier ausgewählte Modelle aus der jüngsten bundesrepublikanischen Debatte anhand der Kriterien „Auswirkungen auf Armut", „Auswirkungen auf Erwerbsarbeit" und „Auswirkungen auf das System der sozialen Sicherung" qualitativ analysiert und miteinander verglichen.

Im Übrigen soll diese Arbeit nicht den falschen Anschein von Neutralität erwecken. Ich bin vielmehr der Auffassung, dass die Debatte um das bedingungslose Grundeinkommen dazu beiträgt, die Zukunft des Sozialstaats in eine sinnvolle Richtung zu lenken. Persönlich geschätzte Werte, wie hohe individuelle Freiheit von ökonomischen und staatlichen Zwängen, die zum Teil direkt vom Thema berührt werden, sind dabei einerseits selbst erkenntnisleitendes Interesse, können andererseits aber selbstverständlich zu einer gewissen Parteilichkeit führen. Diese soll hier nicht durch unerfüllbare Objektivitätsansprüche kaschiert, sondern offengelegt und kritisch reflektiert werden.

[3] Gerne werden ja beispielsweise auch Kriegseinsätze zu Aufklärungs- oder Friedensmissionen erklärt, und ebenso könnten mit dem Grundeinkommensbegriff im Laufe der Zeit alle erdenklichen Konzepte benannt werden.

2.1 Die Begriffe „bedingungsloses Grundeinkommen“ und „Neoliberalismus“

2.1.1 Annäherung an den Begriff „bedingungsloses Grundeinkommen“

Hinter der Bezeichnung „Grundeinkommen“ können sich höchst unterschiedliche Vorstellungen verbergen. Daher existieren viele Alternativbezeichnungen wie „Sozialdividende“, „Bürgergeld“ oder „Negative Einkommensteuer“, (vgl. Schaubild 1) die gelegentlich sehr ähnliche Inhalte aufweisen. Zum Teil verbergen sich hinter demselben Begriff aber auch sehr unterschiedliche Vorstellungen.

Schaubild 1: Chronologische Übersicht einiger Synonyme zum Grundeinkommen[4]

Jahr	Bezeichnung	Vertreter
1894	Dividende territorial	Joseph Charlier (Belgien)
1918	State bonus	Dennis Milner (Großbritannien)
1932	National Dividend	C. H. Douglas (Großbritannien)
1934	Basisinkomen	Jan Tinbergen (Niederlande)
1935	Social Dividend	George D. H. Cole (Großbritannien)
1953	Basic Income	George D. H. Cole (Großbritannien)
1967	Demogrant	James Tobin (USA)
1978	Borgerlon	Niels Meyer et al. (Dänemark)
1984	Allocation universelle	Collectif Charles Fourier (Belgien)
1985	Bürgergeld	Joachim Mitschke (Deutschland)
1988	Reddito di cittadinanza	CGIL (Italien)
1988	Revenue d’existence	Henri Guitton (Frankreich)
2003	Dividende universel	Christine Boutin (Frankreich)

Das bedingungslose Grundeinkommen wird, um eine erste Annäherung vorzunehmen, meist als regelmäßiges monetäres Einkommen an alle Einwohner eines politischen Gemeinwesens konzipiert.[5] Um den Begriff für diese Arbeit zu konkretisieren, soll er hier sowohl negativ als auch positiv bestimmt werden. Aufgrund der Ähnlichkeit zu Sozialversicherungsleistungen

[4] Die Auflistung entstammt Vanderborght, Yannick / Van Parijs, Philippe: Ein Grundeinkommen für alle? Geschichte und Zukunft eines radikalen Vorschlags. Mit einem Nachwort von Claus Offe, Frankfurt / New York, 2005, S. 14.

[5] Vgl. auch zum folgenden die Darstellung bei Füllsack, Manfred: Leben ohne zu arbeiten? Zur Sozialtheorie des Grundeinkommens, Berlin 2002, S. 99-102.

sowie allgemeinen Grund- und Mindestsicherungen wird zunächst eine Abgrenzung zu diesen vorgenommen.

2.1.1.1 Begriffsbestimmung

Das bedingungslose Grundeinkommen lässt sich von anderen Konzepten vor allem durch seine Beziehung zum Arbeitsmarkt unterscheiden. Für eine „traditionelle“ Grundsicherung gilt in der Regel: „Erwerbsarbeit hat den Vorrang vor dem Bezug der Grundsicherung. Grundsicherung bleibt eng an Erwerbsarbeit gekoppelt und Arbeitsmarktpolitik ein relevantes Politikfeld, um möglichst alle erwerbsfähigen Personen in den Arbeitsmarkt einzugliedern.“[6] Auch der Sozialwissenschaftler Georg Vobruba hebt die Beziehung zum Arbeitsmarkt als Abgrenzungskriterium gegenüber Grundsicherungen hervor: Den „sozialen Grundsicherungen ist gemeinsam, dass sie versuchen, durch unterschiedliche administrative Vorkehrungen Modifikationen (...) des Arbeitsmarktes möglichst zu minimieren.“[7] Dagegen soll ein Grundeinkommen in der Definition von Luise Gubitzer und Peter Heintel „existenzsichernd sein und damit vom Zwang, einer Lohnarbeit nachgehen zu müssen(...), “ [8] entkoppelt werden.
Das bedingungslose Grundeinkommen ist also zu unterscheiden von Leistungen wie Sozialhilfe/Arbeitslosengeld II, Arbeitslosengeld und Arbeitslosenhilfe, die entweder an eine vorher zu erbringende Leistung oder eine Arbeitsbereitschaft oder –Verpflichtung gekoppelt sind, oder/und überdies bedürftigkeitsabhängig sind.[9]

Eine viel zitierte Begriffseingrenzung wird vom „Netzwerk Grundeinkommen“ [10] vorgenommen. Das pluralistische Netzwerk nimmt eine konkretere Bestimmung vor, indem es folgende vier *Kriterien* vorgibt, die mindestens erfüllt sein müssen:

---

[6] Gubitzer, Luise und Heintel, Peter: Koppeln oder Entkoppeln: Grundsicherung versus Grundeinkommen. In: Kitzmüller, Erich / Paul-Horn, Ina: Alternative Ökonomie. Wien / New York 1998, S. 37.

[7] Vobruba, Georg: Arbeiten und Essen: Politik an den Grenzen des Arbeitsmarktes, Wien 1989, S. 145.

[8] Ebd.

[9] Vgl. Blaschke, Ronald: Garantiertes Grundeinkommen. Entwürfe und Begründungen aus den letzten 20 Jahren. Frage- und Problemstellungen, 4. aktual. Ausg., Dresden 2004, S. 16.

[10] Das „Netzwerk Grundeinkommen“ ist das größte deutschsprachige Netzwerk zu diesem Thema. Es wurde 2004 in Berlin gegründet, zur Organisationsstruktur gehört ein Sprecherkreis, ein wissenschaftlicher Beirat sowie zahlreiche Einzelmitglieder, siehe die Homepage unter www.grundeinkommen.de

„existenzsichernd, individueller Rechtsanspruch, keine Bedürftigkeitsprüfung, kein Zwang zur Arbeit. Das ‚Netzwerk Grundeinkommen' legt sich nicht auf ein bestimmtes Finanzierungsmodell fest, entscheidend sind die vier Kriterien. Das Grundeinkommen soll so hoch sein, dass es gesellschaftliche Teilhabe garantiert und individuell, unabhängig von Unterhaltsverpflichtungen von Ehegatten, Eltern und erwachsenen Kindern gezahlt werden. Eine Bedürftigkeitsprüfung wird abgelehnt, aber natürlich wird das Grundeinkommen mit dem Steuer- und Beitragssystem abgestimmt.“ [11]

Wie die einzelnen Kriterien ausgestaltet sein sollen, bleibt bewusst offen, so dass sich immer noch zahlreiche, aber keineswegs alle Modelle unter diese Definition unterordnen lassen. Letzteres gilt zunehmend dann, wenn die Kriterien eng auslegt werden.[12] Für die Auswahl der in dieser Arbeit zu prüfenden Modelle werden die Kriterien weit ausgelegt, weil damit der aktuellen Debatte am ehesten entsprochen wird.[13]

Unabhängig von der sonstigen finanziellen Situation und unabhängig von Erwerbsarbeitseinkommen soll das Grundeinkommen also einen gewissen Lebensstandard ermöglichen, Hinzuverdienste durch Erwerbsarbeit sollen möglich bleiben. Die Organisation der Finanzierung wird in den meisten Modellen dem Staat überantwortet. Aber auch andere politische Gemeinwesen und supranationale Organisationen wie EU oder UNO werden, wenn auch erst in jüngster Zeit, als dafür in Frage kommende Instanzen diskutiert. Die Finanzierungsquellen sind unterschiedlich, meist werden Steuern auf Arbeitseinkommen, Konsum oder Vermögen angeführt. Eigentlich alle Befürworter heben die Sparpotentiale der Maßnahme im administrativen Bereich hervor, da keine Bedürftigkeitsprüfung und keine Überprüfung der Arbeitswilligkeit mehr nötig sind.

Abgesehen davon haben sich sehr unterschiedliche Argumentationen und dementsprechend auch sehr unterschiedlich ausgeprägte Modelle etwa bzgl. der Höhe, der Finanzierungsquelle, oder der erhofften Auswirkungen auf die Erwerbsarbeit entwickelt.

---

[11] http://www.grundeinkommen.info/index.php?id=83

[12] Vgl. Blaschke, Ronald: Arbeitszwang/Arbeitsverpflichtung - Verschiedene Bestimmungen und deren Bedeutung für ein Bedingungsloses Grundeinkommen (überarbeitete und ergänzte Fassung des Vortrages auf der Konferenz der Heinrich-Böll- Stiftung "Zukunft der Gerechtigkeit" am 11. Dezember 2004 in Berlin) Berlin 2005.

[13] Siehe Kap. 2.2.1

2.1.1.2 Historische Vorläufer, Ideengeschichte und erste Debatten

Das Grundeinkommen hatte bereits zahlreiche prominente Fürsprecher: Der Philosoph Bertrand Russel und der Psychoanalytiker Erich Fromm zählen ebenso dazu wie die Wirtschaftsnobelpreisträger Milton Friedman und James Tobin. Die Geschichte beginnt allerdings nicht erst im 20. Jahrhundert; Vorläufer von Grundsicherungsmodellen und schriftliche Erwähnungen der Idee finden sich deutlich früher, vereinzelt in der Antike, zunehmend in der frühen Neuzeit und in detaillierter Form vor allem im 19. Jahrhundert. Die Geschichte dieser Vorläufer, verschriftlichten Ideen und ersten Debatten wird im Folgenden skizziert, im Anschluss daran wird die jüngste bundesdeutsche Diskussion dargestellt.

2.1.1.2.1 Historische Vorläufer

Die Idee einer Einkommensgarantie tritt zum ersten Mal in Thomas Morus (1478-1553) 1516 veröffentlichter *Utopia* auf. Zwar gibt es bereits seit der griechischen Antike Argumente für ein „Essen, ohne dafür zu arbeiten."[14] In diesen wird in der Regel eine Art Armenfürsorge mit Nahrungsmitteln vorgeschlagen und teilweise werden derartige Modelle auch praktiziert.

Die Idee eines garantierten *Einkommens* tritt hingegen erst bei Morus auf mit dem Argument, sie sei geeigneter zur Kriminalitätsbekämpfung als die Todesstrafe.[15] Detaillierter als Morus argumentiert dessen Zeitgenosse und Freund Johannes Ludovicus Vives (1492-1540). In der Schrift *De Subventione Pauperum* (1526) empfiehlt er den Bürgermeistern und Schöffen der Stadt Brügge, anstelle privater Armenfürsorge eine almosenfinanzierte öffentliche Fürsorge einzurichten. Basierend auf dem jüdisch-christlichen Prinzip der Nächstenliebe sei diese zudem nicht nur effizienter, sie lasse sich darüber hinaus praktischerweise mit einer Arbeitsverpflichtung verknüpfen.[16] Verschiedene europäische Städte orientieren sich an dieser Idee und richten in den folgenden Jahrzehnten „mehr oder weniger rudimentäre" Bedürftigenhilfen ein. Lokalen Vorbildern folgend werden ähnliche Maßnahmen 1531 auf die gesamten Niederlande ausgeweitet. 1579 werden in Schottland und 1601 in England Armengesetze (*Poor Laws*) erlassen, aufgrund derer Mittelose (gegen Arbeitsleistung in eigens errichteten *workhouses)* mit Nahrungsmitteln versorgt werden müssen. Die *Poor Laws* werden später aus

[14] Vgl. Burian, Peggy: Das garantierte Grundeinkommen. Grundlagen und Entstehung einer Idee von der Antike bis zum Beginn des 20. Jahrhunderts. Diplomarbeit, Leipzig 2006, S. 8 ff.

[15] Vgl. die Darstellung bei Vanderborght, Yannick / Van Parijs, Philippe: Grundeinkommen, a. a. O. S. 16.

[16] Ebd.

Angst vor Aufständen Hungerleidender um monetäre Hilfen erweitert. Umgesetzt wird dies erstmals von der Verwaltung der englischen Stadt *Speen* 1795 und im Laufe der Zeit auf weitere Gemeinden übertragen.[17] Das in der Folge als *Speenhamland*-System bezeichnete Gesetz war allerdings heftig umstritten. Der Ökonom Thomas Malthus (1766-1843) beispielsweise forderte zu dieser Zeit den radikalen Verzicht auf jegliche Armengesetzgebung. Diese fördere seiner Meinung nach lediglich, dass Arme weniger arbeiten würden. Zudem würden die Armen mehr sparen, früher heiraten und mehr Kinder produzieren. Durch den daraus resultierenden Bevölkerungsanstieg würden die Nachfrage und damit der Preis der Güter steigen, so dass das Realeinkommen der Ärmsten letztlich sinken würde. 1834 wurde das Speenhamland-System endgültig wieder abgeschafft und vorerst galten wieder die *Poor Laws*.

Im Zuge der durch die Industrialisierung im 19. Jahrhundert entstandenen Überforderung bestehender Solidarbeziehungen wurde 1883 unter Reichskanzler Otto von Bismarck das erste Pflichtversicherungssystem eingeführt. Im Bismarck'schen oder, in der vergleichenden Wohlfahrtsforschung „konservativ-korporatistisch“ genannten Modell, sind die Leistungen direkt an den Status des Arbeitnehmers/der Arbeitnehmerin gekoppelt.[18] Die Sozialversicherungssysteme haben sich seit Bismarck grundlegend geändert. Das Versicherungsprinzip für alle verdrängt nach und nach das Fürsorgeprinzip für Randgruppen, ohne letzteres jedoch vollständig abzulösen.[19]

Die strikte Koppelung an den ArbeitnehmerInnenstatus führt allerdings zum Ausschluss aller nicht abhängig Beschäftigten. Sie sind sowohl von der Solidarität der Beschäftigten ausgeschlossen, da sie nicht mit ihnen gemeinsam für bessere Bedingungen streiten können, als auch (in der Folge davon) von den entsprechenden Leistungen. Im Zuge der Diskussion um den Beveridge-Plan von 1942 etabliert sich in Großbritannien ein Mindesteinkommen, das die bestehende Sozialversicherung und Transfers wie Kindergeld ergänzt. In der Nachfolge dieser Entwicklung setzt sich die Erkenntnis, dass ein ausschließlich auf Versicherung basierendes System nicht ausreiche, in vielen Ländern Europas durch. Die konkreten Ausgestaltungen weichen stark voneinander ab, aus Perspektive der Betroffenen wird aber häufig eine für sie vorteilhafte Minimalsicherung etabliert.[20]

[17] Vgl. Vanderborght, Yannick / Van Parijs, Philippe: Grundeinkommen, a. a. O. S. 17.

[18] Vgl. Opielka, Michael: Sozialpolitik. Grundlagen und vergleichende Perspektiven, Reinbek 2004, S. 23-58.

[19] Vgl. Vanderborght, Yannick / Van Parijs, Philippe: Grundeinkommen, a. a. O. S. 18.

[20] In der BRD mit dem Bundessozialhilfegesetz von 1961, weitere Beispiele siehe ebd.

2.1.1.2.2 Ideengeschichte des Grundeinkommens

Entgegen den o. g. Argumenten für die Armenhilfe gegen Arbeitsleistung bei Morus und Vives findet sich bei Thomas Paine (1737-1809) die Idee für eine Zahlung an alle BürgerInnen ohne Gegenleistung. Nach Paine existieren zwei Arten des Eigentums: Erstens das natürliche, allen Menschen zustehende Eigentum, wie es bei den nordamerikanischen Ureinwohnern vorzufinden sei; und zweitens das künstlich geschaffene Eigentum. Nach Paine würden die Ureinwohner Armut und Ungleichheit der europäischen Zivilisationen nicht kennen. Aus diesem Umstand schließt Paine, dass das künstliche System des Grundeigentums im Besitz Weniger für die Armut in Zivilisationen verantwortlich sei.[21] Ein einzelner Mensch aber, etwa auf einer einsamen Insel lebend, ware nie imstande allein durch Grundbesitz einen vergleichbaren Reichtum zu erwirtschaften. Vielmehr biete erst der gesellschaftlich-rechtliche Rahmen die Möglichkeit höherer Besitzakkumulation.[22] Da jedoch ein naturrechtlicher *Anspruch* eines jeden Menschen auf Eigentum in der zivilisierten Gesellschaft für Paine nicht erfüllbar ist, ohne entweder mit Rousseau „Zurück zur Natur“ zu müssen oder mit den Frühsozialisten die Vergesellschaftung des Besitzes anzustreben, soll ein *Recht auf Entschädigung* etabliert werden.[23] Finanziert aus Steuern auf Grundeigentum und Erbschaften soll jedem Individuum mit 21 Jahren einmalig, ohne Bedürftigkeitsprüfung und ohne Gegenleistung, eine Zahlung von 15 Pfund Sterling als „Startkapital“ gemacht werden. Ab 50 Jahren erfolgt eine jährliche Rentenzahlung.[24] Dies ist im Unterschied zu historischen Vorläufern ausdrücklich nicht als mildtätige Geste zu verstehen, sondern als legitimes Recht auf Entschädigung. Vom Recht auf Entschädigung profitieren aber auch die Grundbesitzer, da durch diese Zahlungen ihr privates Eigentum nicht mehr in Frage gestellt sein würde. Zudem biete sein Vorschlag den Vorteil, dass die Wirtschaft keinen großen Erschütterungen ausgesetzt werde, da ein wesentlicher Teil aus Steuern auf Erbschaften finanziert würde.

---

[21] Zu Lebzeiten Paines waren Grund und Boden die Primärquelle zur Akkumulation von Reichtum, vgl. Füllsack, Manfred: Sozialtheorie, a. a. O. S. 105.

[22] An diese Argumentation schließen mehrere aktuelle Grundeinkommensbefürworter an, vgl. ebd. S. 105.

[23] Vgl. Burian, Peggy: Grundlagen und Entstehung, a. a. O., S. 62.

[24] Ähnliche Vorschläge mit teilweise abweichenden Begründungen finden sich beim britischen Politiker Thomas Skidmore (1790-1832) oder dem französischen Philosophen Francois Huet (1814-1869), aus Kritik an Paine fordert Thomas Spence (1750-1814)in einem geänderten Modell erstmals eine kontinuierliche Transferleistung, vgl. Vanderborght, Yannick / Van Parijs, Philippe: Grundeinkommen, S. 21-23. In jüngerer Zeit wurden Paines Ideen im Modell der „Stakeholder-Gesellschaft“ aufgegriffen, vgl. Ackermann, Bruce / Alstott, Anne: Die Stakeholder-Gesellschaft. Ein Modell für mehr Chancengleichheit, Frankfurt / New York 2001.

Mit einer ebenfalls naturrechtlichen Argumentation fordert Charles Fourier (1772-1837) ein Mindestmaß an Grundversorgung ohne Gegenleistung. Da die allen Menschen zustehenden Grundrechte auf freies Jagen, Fischen, Sammeln und Weiden in der Zivilisation verloren gegangen seien, müsse diese für eine Ausgleichszahlung in Form von Naturalien aufkommen.

Ähnlich wie Paine und beeinflusst von Fourier plädiert später der Belgier Joseph Charlier (1816-1896) für ein allen Menschen zustehendes Nutzungsrecht der natürlichen Ressourcen. 1848, im Erscheinungsjahr kommunistischen Manifests, veröffentlicht Charlier seine „Lösung des Sozialproblems". Der private Grundbesitz ist für ihn ein Verstoß gegen das Nutzungsrecht Aller. Deshalb sollte einzig der Staat langfristig Grundeigentum besitzen dürfen. In einem Übergangsregime soll den früheren Grundeigentümern eine Rente auf Lebenszeit, allen anderen ein regelmäßig gezahltes „garantiertes Mindesteinkommen" (später „Bodendividende" genannt) ohne Gegenleistung gewährt werden. Charlier räumt ein, dass dieses Mindesteinkommen zum Nichtstun verleiten könne, schätzt das Risiko dafür aber als gering ein. Denn das Mindesteinkommen decke nur das Lebensnotwendige ab, nur wer sich damit zufrieden gebe, müsse gar nicht mehr arbeiten. Charliers Vorschlag kann als erstes detailliertes Modell eines Grundeinkommens ohne Gegenleistung gelten.[25]

Ebenfalls von Fourier beeinflusst kommt der englische Philosoph John Stuart Mill (1806-1873) zu dem Schluss, dass jeder Mensch unabhängig von seiner Arbeitsfähigkeit das Anrecht auf eine Mindestversorgung habe. Als prominente Stimme zu Beginn des zwanzigsten Jahrhunderts spricht sich u. a. der Philosoph und Nobelpreisträger Bertrand Russel (1872-1970) für eine Gesellschaft aus, welche die Vorteile von Anarchismus und Sozialismus miteinander verbindet und außerdem ein die Grundbedürfnisse befriedigendes „Sozialeinkommen" für alle einrichtet.

2.1.1.2.3 Angloamerikanische Debatten um die „Negativsteuer"

Die meisten der o. g. Ideen sind allerdings nicht zum Gegenstand öffentlicher Debatten geworden. Dies ändert sich erst im Europa gegen Ende des zweiten Weltkriegs. Den Begriff der „Sozialdivende" aufgreifend veröffentlicht die Politikerin Juliette Rhys-Williams 1942 ihr Konzept für ein Grundeinkommen.[26] Ihr Modell gilt als erstes umfassendes Konzept einer

---

[25]Vgl. Vanderborght, Yannick / Van Parijs, Philippe: Grundeinkommen, a. a. O. S. 24.

[26] Im August 1942 veröffentlichte Rhys-Williams die Broschüre „Something to Look Forward to", welche in einer überarbeiteten Fassung 1943 in Buchform unter demselben Titel erschien. Teile dieser Fassung sind in ihrem 1953

„Negativen Einkommensteuer".[27] Der Begriff ist in einer wirtschaftswissenschaftlichen Definition zunächst wie folgt festgelegt:

> „(...)Jeder Bürger ohne Einkommen erhält vom Staat eine das Existenzminimum deckende Unterstützungszahlung (...); diese nimmt in dem Maße ab, wie der Bürger eigenes Einkommen erzielt. Ab einer politisch festgelegten Armutsgrenze beginnt die „positive" Einkommensteuer, d.h. die steuerliche Belastung. Die Armutsgrenze muss so gelegt werden, dass das allgemeine Existenzminimum, Pauschalen für Werbungskosten und Sonderausgaben, Arbeitnehmer-, Kinder- und Weihnachts-Freibeträge unbesteuert bleiben. – Vor-/Nachteil: Der n. E. wird eine erhebliche Einsparung an Verwaltungskosten, aber auch der Verlust des Arbeitsanreizes nachgesagt."[28]

„Negativ" ist die Steuer also lediglich aus der Perspektive des Staatshaushalts, die BezieherInnen können hingegen eine „positive" Transferleistung auf ihrer Einnahmenseite verbuchen. Anlass für Rhys-Williams ist die damalige Arbeitslosenversicherung, die Arbeitslose bestrafe, da ihnen bei geringen Zuverdiensten die gesamte Arbeitslosenunterstützung gestrichen werde. Es sei daher auch nicht verwunderlich, dass Menschen nach jahrelanger „erzwungener Untätigkeit" auf dem Arbeitsmarkt nicht mehr vermittelbar seien. Ihr Vorschlag umfasst, dass „jedem Bürger ... jederzeit und ohne Berücksichtigung seiner individuellen Lage ein Einkommen aus öffentlichen Mitteln (...) zur Verfügung stehen (soll), das eine Wohlfahrtsbasis garantiert."[29] Grundlage hierfür solle ein neuer Sozialvertrag im Sinne Rousseaus sein.[30] Motiv ist die Aufgabe der Idee privater Mildtätigkeiten, welche in Ergänzung zu einem

erschienen Buch abgedruckt, siehe Rhys-Williams, Lady Juliet E.: Taxation and Incentives, London 1953; das Buch von 1943 ist in Deutschland nicht erhältlich; zur Entstehung siehe auch Spermann, Alexander: Negative Einkommensteuer, Lohnsubventionen und Langzeitarbeitslosigkeit. Finanzwissenschaftliche Schriften Bd. 104; Frankfurt et al 2001; zugl.: Univ. Freiburg (Breisgau); Habil. 1999, S. 40.

[27] Erstmals verwendet der Ökonom Antoine Auguste Cournot (1801-1877) den Begriff, allerdings ohne ein Modell vorzulegen; als erster praktischer Vorläufer gilt noch das vor Cournots Lebzeiten in England etablierte Speenhamland-System, in dem statt Mindestlöhnen ein Existenzminimum aus der Gemeindekasse gezahlt wurde. Bereits damals wurden Mitnahmeeffekte auf Arbeitgeber- und Vermieterseite kritisiert, da diese die Löhne senken und Mieten erhöhen konnten und auf Ausgleich durch die öffentliche Hand setzten, vgl. Spermann, Alexander: Negative Einkommensteuer, a. a. O. S. 13 u. S. 39.

[28] Artikel „negative Einkommensteuer", in: Gabler-Wirtschafts-Lexikon, Bd. 6 L-N, 14., vollst. überarb. und erw. Aufl., Wiesbaden 1997, S. 2727.

[29] Molitor, Bruno: Negative Einkommensteuer als sozialpolitisches Instrument, in: Jahrbuch für Sozialwissenschaft, Bd. 24 1973, S. 24, zit. n.: Almsick, Josef van: Die negative Einkommensteuer – finanztheoretische Struktur, Arbeitsangebotswirkungen und sozialpolitische Konzeption, Berlin 1980, S. 67.

[30] Vgl. Almsick, Josef van: Die negative Einkommensteuer S. 67.

Staatsverständnisses stünden, welches Interventionen nur im Falle eines Notleidens oder einer Krankheit zuließe. Dagegen stellt Rhys-Williams

> „das demokratische Prinzip, dass der Staat jedem seiner Bürger genau die gleichen Vorteile schuldet. Auf dieser Basis muss allen Bürgern Hilfe gegeben werden, wenn der Staat einigen Bürgern Hilfe gibt, und da Unterhaltszahlungen für Kranke und Arbeitslose erforderlich sind, müssen sie auch den Beschäftigten und Gesunden gewährt werden."[31]

Die Sozialdividende soll die bisherigen Leistungen des Sozialsystems (Rente, Krankheit, Arbeitslosigkeit) ergänzen, nicht ersetzen.[32] Der Einheitssteuersatz soll um eine Zusatzeinkommensteuer („surtax") für „Besserverdienende" ergänzt werden. Auch sind Arbeitnehmerschutzmaßnahmen, wie ein Mindestlohn, nicht obsolet. Vielmehr ist Rhys-Williams sich des Problems bewusst, dass es Unternehmern möglich wäre, Beziehern der Sozialdividende geringere Löhne zu zahlen: „Auf eine Bedürftigkeitsprüfung kann verzichtet werden, und der Arbeitslose kann arbeiten und so viel er möchte, zu seiner Zulage hinzuverdienen, vorausgesetzt, er unterbietet nicht die Lohnsätze in seinem Gewerbe."[33] Zudem sieht sie einen Vorteil der Sozialdividende in der Auszahlung in gleicher Höhe an Frauen, die damit unabhängig vom männlichen Familienernährer würden.[34] Sozialpolitisch soll das Modell gleichzeitig eine Umverteilung höherer zu niedrigeren Einkommen bewirken: „Neben den administrativen Vorteilen steht die klar überschaubare verteilungspolitische Strategie der vertikalen Einkommensumverteilung von Reich zu Arm."[35] Von Kritikern wurde u. a. vorgebracht, dass sich viele BürgerInnen mit der Dividende zufrieden geben würden und auf Erwerbsarbeit ganz verzichten würden.[36] Des Weiteren sei die Ausweitung der Besteuerung auf bisher nicht besteuerte Kapitalanteile aufgrund des zu erwartenden Widerstandes politisch nicht realisierbar.
Ihr Vorschlag wurde im Großbritannien der 1940er Jahre als ernsthafte Alternative zum Beveridge-Plan diskutiert, welcher sich letzten Endes bekanntlich gegen Rhys-Williams durchgesetzt hat.[37] Die ihrem Vorschlag offenbar zugrunde liegende stark egalitaristische

---

[31] Rhys-Williams, Juliette: Taxation a. a. O. S. 121; zit. n. d. Übers. in: Ebd. S. 68.

[32] Im 1943 veröffentlichten Modell schlug sie eine hohe Auszahlung bei Ersatz der Sozialversicherung vor, ab 1953 eine niedrigere Auszahlung bei Beibehaltung der Sozialversicherung. Vgl. Spermann, Alexander: Negative Einkommensteuer, a. a. O. S. 40.

[33] Rhys-Williams, Juliette: Taxation, a. a. O. S. 121; zit. n. d. Übers. in Almsick, Josef van: Die negative Einkommensteuer, a. a. O. S. 68.

[34] Vgl. Spermann, Alexander: Negative Einkommensteuer a. a. O. S. 44.

[35] Almsick, Josef van: Die negative Einkommensteuer, a. a. O. S. 68.

[36] Vgl. Spermann, Alexander: Negative Einkommensteuer, a. a. O. S. 45.

[37] 1942 wurde das Beveridge-Konzept veröffentlicht, 1945 kündigte die neue Labor-Regierung dessen Umsetzung an, welche 1948 begann.

Gerechtigkeitsauffassung ist für heutige Betrachter leichter nachvollziehbar, wenn wir uns vor Augen führen, dass im politischen Klima der Nachkriegszeit auch in Deutschland egalitäre und kapitalismuskritische Vorstellungen bis weit hinein in die CDU vorhanden waren. So sah etwa das „Ahlener Programm" der nordrhein-westfälischen CDU von 1947 u. a. noch die Vergesellschaftung wichtiger Industriebereiche und weitgehende staatliche Lenkung der Wirtschaft „gegen das kapitalistische Gewinn- und Machtstreben" vor.[38]

Eine weitere Debatte entbrennt in den USA in den sechziger Jahren des zwanzigsten Jahrhunderts. Sie wird vor allem von den Wirtschaftswissenschaftlern Milton Friedman, Robert Theobald und James Tobin geführt.
1962 spricht sich der spätere Nobelpreisträger Milton Friedman in seinem Buch „Kapitalismus und Freiheit" für eine Negative Einkommensteuer aus. Sein Konzept einer Negativsteuer kann als deutlich neoliberal geprägte Variante bezeichnet werden, in der bestehende staatliche Sozialleistungen weitgehend ersetzt werden und die Auszahlungshöhe auf die Hälfte des zum Leben notwendigen Existenzminimum halbiert wird, um die Arbeitsmotivation zu erhöhen. Die zur Beantwortung der Fragestellung dieser Arbeit notwendige Eingrenzung des Begriffs „Neoliberalismus" folgt im nächsten Kapitel. Dort wird Friedmans Modell ausführlicher dargestellt, um dessen Position innerhalb der unterschiedlichen neoliberalen Sozialstaatsauffassungen genauer zu bestimmen.

Der Ökonom Robert Theobald begründet mit weiteren Intellektuellen des *Ad Hoc Committee on the Triple Revolution*[39] die Forderung nach einem Grundeinkommen eher allgemein mit der Überzeugung, dass aufgrund steigender Produktivität und zunehmender Automatisierung die Erwerbsarbeit überflüssig werde. Staatliche Umverteilung über ein Grundeinkommen ohne Gegenleistung sei notwendig, um den Konsum aufrechtzuerhalten.[40] In dieser Debatte spricht sich der Psychoanalytiker Erich Fromm in einem viel beachteten Aufsatz für ein Grundeinkommen mit dem Argument aus, dass dieses erstmals in der Menschheitsgeschichte echte Freiheit verwirklichen könnte: „Nur mit der Umwandlung des *homo consumens* in eine produktiv-tätige Persönlichkeit wird der Mensch Freiheit als echte

[38] vgl. Konrad-Adenauer-Stiftung e.V. (Hrsg.): Das Ahlener Programm der CDU der britischen Zone vom 3. Februar 1947, http://www.kas.de/publikationen/1997/813_dokument.html
[39] Siehe Vanderborght, Yannick / Van Parijs, Philippe: Grundeinkommen, a. a. O. S. 29.
[40] Ebd.

Unabhängigkeit erleben und nicht als unbegrenzte Möglichkeit, unter den Konsumgütern zu wählen.“ [41]

Der Wirtschaftswissenschaftler und spätere Nobelpreisträger James Tobin setzt sich ab 1965 ebenfalls für ein Grundeinkommen ein, das zunächst über ein Negativsteuermodell realisiert werden soll. Dieses Einkommen soll im Gegensatz zu Friedman nicht die bestehenden Sozialleistungen abbauen, sondern ergänzen. Ziel war eine Verbesserung der Situation benachteiligter Bevölkerungsgruppen, ausdrücklich soll das Einkommen etwa die Lebensweise der armen und schwarzen Bevölkerungsteile verbessern. Später befürwortet der „linksliberale“ Ökonom unter der Bezeichnung *demogrant* kein Negativsteuermodell mehr, sondern eine automatische Auszahlung an alle BürgerInnen.[42] Tobins *demogrant* wird 1972 vom Präsidentschaftskandidaten der Demokraten, George McGovern, ins Wahlprogramm aufgenommen. Nixon plante derweil ein eigenes, wiederum auf der Negativsteuer basierendes Gesetz, welches bereits 1970 vom Repräsentantenhaus angenommen wurde. 1972 lehnt der Senat es jedoch mit knapper Mehrheit ab. McGovern verliert im selben Jahr die Wahl gegen Nixon und dieser sein Amt zwei Jahre später aufgrund der Watergate-Affäre. Seitdem wird die Debatte in den USA nur noch in akademischen Kreisen fortgeführt.[43]
Trotz der hier dargelegten, höchst unterschiedlichen Ausprägungen der Negativsteuermodelle, welche sich politisch sowohl „linker“ wie „rechter“ Sozialpolitik zuordnen lassen, wird der Begriff bis heute vor allem mit dem Namen Milton Friedman in Verbindung gebracht.

2.1.1.2.4 Europäische und internationale Debatten zum Grundeinkommen

Zumeist in Unkenntnis der US-amerikanischen Diskussion werden Ende der 70er Jahre erstmals Grundeinkommensdebatten in Europa begonnen. In Dänemark wird 1978 ein Buch über den „Bürgerlohn“ zum Bestseller. In den Niederlanden werden die „Einkommensgarantie“ und das *„basisinkomen“* kontrovers diskutiert und schließlich 1985 (allerdings in einer abgespeckten Variante) vom angesehenen „Wissenschaftlichen Beirat für Regierungspolitik (WRR)“ zur Einführung empfohlen. Auch in Frankreich und Deutschland finden, wenn auch mit geringerem Umfang, Grundeinkommensdebatten statt. Viel beachtet werden etwa die Bücher des französischen Philosophen und Soziologen André Gorz zum Thema. In der BRD

[41] Fromm, Erich: Psychologische Aspekte eines garantierten Einkommens für alle, in: Opielka, Michael und Vobruba, Georg (Hrsg.): Das garantierte Grundeinkommen. Entwicklung und Perspektiven einer Forderung, Frankfurt 1986, S. 27. Original in: Theobald, Robert (ed.): The guaranteed Income, New York 1966, S. 183-193.
[42] Vgl. Vanderborght, Yannick / Van Parijs, Philippe: Grundeinkommen, a. a. O. S. 30.
[43] Ebd.

wird durch die Herausgabe des Bandes „Befreiung von falscher Arbeit“ durch Thomas Schmid 1984 eine Diskussion entfacht, die zunächst vor allem in der Ökologiebewegung aufgegriffen wird. Aber auch bekannte Wissenschaftler zählen zu den Befürwortern; im Umfeld der Grünen wirbt etwa Claus Offe später für die Idee, im sozialdemokratischen Umfeld betont Fritz Scharpf die Bedeutung des Vorschlags. Seit 1985 setzt sich zudem der Volkswirtschaftler Joachim Mitschke verstärkt für die Idee in Form einer Negativsteuer ein. Sein Negativsteuermodell wurde 1994 von der FDP aufgegriffen.[44] Eine zur Überprüfung dieses Modells gebildete Regierungskommission bewertete es 1996 als „nicht zu empfehlen.“

Die verschiedenen und einander häufig nicht beachtenden Ansätze werden mittlerweile vom *Basic Income European Network* (BIEN) zueinander geführt, dessen Gründung 1986 beschlossen wurde. Es veranstaltet zweijährig einen Grundeinkommenskongress und versendet regelmäßig einen Informationsbrief. Aufgrund der Einrichtung ähnlicher Netzwerke in Südamerika, den USA, Südafrika, Australien und Neuseeland[45] sowie aufgrund der zunehmenden Zahl außereuropäischer Kongressteilnehmer beschloss das Netzwerk auf seinem Kongress in Barcelona 2004 die Umwandlung in ein weltweites Netzwerk und heißt seitdem *Basic Income Earth Network.* Die Präsidentschaft teilen sich derzeit der brasilianische Senator Eduardo Suplicy sowie der Ökonom und Mitarbeiter der Internationalen Arbeitsorganisation (IAO) Guy Standing.[46] In der weltweiten Debatte geht es mittlerweile nicht mehr nur um den Austausch unterschiedlicher Ideen im nationalstaatlichen Rahmen, sondern vor dem Hintergrund der Globalisierungsprobleme auch um die Einrichtung eines weltweiten Grundeinkommens.[47]

[44] Die erste Veröffentlichung Mitschkes zum Thema war das 1974 mitveröffentlichte Buch „Staatsbürgersteuer“, mit welchem allerdings keine vergleichbare Wirkung erzielt werden konnte, siehe Engels, Wolfram / Mitschke, Joachim, Starkloff, Bernd: Staatsbürgersteuer. Bad Wörishofen 1974.

[45] Zum Diskussionsstand in Brasilien, Russland, Australien, Südafrika und Japan siehe Füllsack, Werner (Hrsg.): Globale soziale Sicherheit. Grundeinkommen – weltweit? Berlin 2006.

[46] Vgl. Vanderborght, Yannick / Van Parijs, Philippe: Grundeinkommen, a. a. O. S. 35.

[47] Siehe hierzu die Beiträge von Philippe Van Parijs, Myron J. Frankman, Giamluca Busilacchi und Michael W. Howard in: Füllsack, Werner (Hrsg.): Globale soziale Sicherheit, a. a. O.

2.1.1.3 Aktuelle Begründungen und Kontroversen

2.1.1.3.1 Aktuelle Begründungen

Ausgehend von der Kritik der Erwerbsarbeit lassen sich die Situationsanalysen vieler Grundeinkommensbefürworter mit Vobruba als „doppelte Krise der Lohnarbeit", beginnend mit der anhaltenden Massenerwerbslosigkeit Mitte der 1970er Jahre, zusammenfassen. [48] Die eine Seite der doppelten Krise sei *qualitativer* Natur: Durch einen Wertewandel bei Teilen der Bevölkerung zugunsten von Werten wie Selbstverwirklichung oder frei verfügbarer Zeit erführen fremdgesetzte „Ordnungs- und Leistungserwartungen" eine Rangminderung.[49] Aus dem Bedürfnis nach qualitativ befriedigender Arbeit, einhergehend mit zunehmender gesamtgesellschaftlicher Arbeitslosigkeit, sind Modelle und auch Praxen alternativer Ökonomien entstanden. Ein gewisser – materieller - Wohlstandsverlust sei dabei nicht selten in Kauf genommen worden.[50] Die vor diesem Hintergrund entstandenen, die traditionellen „linken" Positionen („Recht auf Arbeit") überwindenden, Grundeinkommenskonzeptionen werden in unterschiedlicher Ausprägung etwa von Michael Opielka, André Gorz und Unabhängigen Erwerbslosen vertreten.[51]

Die andere Seite der Erwerbsarbeitskrise sei *quantitativer* Natur. Aufgrund steigender Produktivität nehme der Reichtum der Gesellschaft bei gleichzeitig sinkender Arbeitskraftnachfrage zu. Dieser, insbesondere seit der Dritten Industriellen Revolution sich beschleunigende Prozess sei keineswegs an sein Ende gelangt, sondern werde in Zukunft immer weitere

---

[48] Vgl. Vobruba, Georg: Alternativen zur Vollbeschäftigung. Die Transformation von Arbeit und Einkommen, Frankfurt 2000.

[49] Vgl. Klages, Helmut: Wertwandel und Gesellschaftskrise in der sozialstaatlichen Demokratie. In: Joachim Matthes (Hrsg.): Krise der Arbeitsgesellschaft? Verhandlungen des 21. deutschen Soziologentages in Bamberg 1982, Frankfurt / New York 1983, S. 309-320. Zur aktuellen Bedeutung von Wertewandelstheorien zur Bestimmung politischer Milieus siehe Neugebauer, Gero: Politische Milieus in Deutschland. Die Studie der Friedrich-Ebert-Stiftung, Bonn 2007, S. 20-22.

[50] Die Idee alternativen Wirtschaftens erfreut sich unter dem Begriff der "Solidarischen Ökonomie" in jüngster Zeit offenbar neuer Beliebtheit: Am seit längerer Zeit ersten größeren Kongress zu diesem Thema vom 24.-26. November 2006 in Berlin kamen über 1400 Teilnehmer. Zu den vielfältigen Möglichkeiten und Inhalten solidarischen Wirtschaftens siehe Altvater, Elmar (Hrsg.): Solidarische Ökonomie. Reader des Wissenschaftlichen Beirats von Attac, Hamburg 2006; sowie Giegold, Sven / Embshoff, Dagmar (Hrsg.): Solidarische Ökonomie im globalisierten Kapitalismus. In Kooperation mit der Bewegungsakademie und der „tageszeitung", Hamburg 2007 (im Erscheinen).

[51] Vgl. die Übersicht bei Blaschke, Ronald: Garantiertes Grundeinkommen. Entwürfe und Begründungen aus den letzten 20 Jahren. Frage und Problemstellungen, 4. aktual. Ausg., Dresden 2004.

Arbeitskräfte freisetzen. Ein gegenläufiger Trend zum „*jobless growth*" sei, wenn überhaupt, nur in der Zunahme geringfügiger Beschäftigungsverhältnisse und Teilzeitjobs zu beobachten. Diese ermöglichten jedoch weder ausreichende Teilhabe, noch Anerkennung, so dass darin keine langfristige Lösung gesehen wird. Die Verteilung des Reichtums, welche an die Teilhabe an der Erwerbsgesellschaft gekoppelt ist, sei zunehmend unbefriedigend, da durch Arbeitslosigkeit immer mehr Menschen von den Verteilungsmechanismen ausgeschlossen seien. Die These vom „Ende der Arbeit" (Jeremy Rifkin)[52] oder „Ende der Vollbeschäftigungsgesellschaft" (Georg Vobruba)[53] geht, besonders dezidiert bei letzterem, von einer Dysfunktionalität des Arbeitsmarktes aus. Das Problem der Arbeitsmarkttheorie, wie sie von der volkswirtschaftlichen Neoklassik vertreten wird, übersehe nach Vobruba die Tatsache, dass sich Arbeitskraftnachfrager (Unternehmer) und Arbeitskraftanbieter anders verhalten müssten als Waren auf einem Gütermarkt. So sind für die Arbeitskraftanbieter Faktoren wie Qualifikation, subjektive Neigung oder (familienbedingt) eingeschränkte Mobilität entscheidungsrelevant. Andererseits sind sie auf die unternehmerische Arbeitskraftnachfrage angewiesen, eine erwerbsarbeitsferne Existenzsicherung existiert in der Regel nicht. Für Unternehmen bestünden hingegen Ausweichmöglichkeiten, da ihr Kapital nicht zwingend in neue Arbeitsplätze investiert werden müsse, sondern stattdessen auf anderen Märkten wie z. B. Kapitalmärkten angelegt werden kann. Viele Branchen könnten zudem wirksam mit der Verlagerung ihres Standortes drohen. Durch diese Dysfunktionalität herrsche keine „Waffengleichheit", wie sie im neoklassischen Gleichgewicht unterstellt wird. Um das intendierte Gleichgewicht überhaupt erst herzustellen, bedürfe es daher eines Grundeinkommens. Vobruba zieht diese quantitative, arbeitsmarkttheoretische Begründung der qualitativen Argumentation vor. Letztere werde seiner Meinung nach nur von kleinen Bevölkerungsgruppen vertreten oder gar bereits gelebt. Aber die Mehrzahl, insbesondere der unfreiwillig von der quantitativen Krise Betroffenen, würden die Bedenken der „Postmaterialisten" nicht teilen.[54]

Neben der arbeitsmarkttheoretischen Begründung ist die, in Auseinandersetzung mit der liberalen Gerechtigkeitstheorie entstandene, Begründung des belgischen Philosophen Philippe Van Parijs besonders breit rezipiert worden.[55] Anstelle der Verwirklichung des „Rechts

[52] Vgl. Rifkin, Jeremy: Das Ende der Arbeit und ihre Zukunft. Neue Konzepte für das 21. Jahrhundert, Frankfurt / New York, (zuerst 1995), erweiterte Neuausgabe 2004.

[53] Vgl. zur Definition Vobruba, Georg: Ende der Vollbeschäftigungsgesellschaft, in: Zeitschrift für Sozialreform 1998, S. 77-79; siehe auch die Diskussion der These in: Beck, Ulrich: Wohin führt der Weg, der mit dem Ende der Vollbeschäftigungsgesellschaft beginnt? In: Ders. (Hrsg.): Die Zukunft von Arbeit und Demokratie, Frankfurt 2000, S. 7-66.

[54] Siehe hierzu Blaschke, Ronald: Entwürfe und Begründungen, a. a. O. S. 21.

[55] Van Parijs, Philippe: Real Freedom for all. What (if anything) can justify capitalism? Oxford 1995.

auf Arbeit" der Keynesianer oder der „Abschaffung der Lohnarbeit" libertärer Antikapitalisten soll mit seinem Vorschlag die *Kompensation* des nicht gewährleisteten Rechts auf Arbeit erreicht werden. Letzteres zu erfüllen wäre die optimale Lösung, wenn sich durch Arbeitsplätze genügend soziale Anerkennung (in Form von „Traumjobs") bereitstellen ließe.[56] Dies ist im real existierenden Kapitalismus jedoch, weder im interventionistisch „gebändigten" noch im „ungezügelten" neoliberalen bisher offenkundig der Fall gewesen. Unter diesen in der Realität suboptimalen Bedingungen ist die eigentlich zweitbeste Lösung die bestmögliche - und damit erstrebenswerteste Lösung.

Eine Gegenleistung ist nach Van Parijs' eindeutig abzulehnen. Er versteht das Grundeinkommen bereits als eine Gegenleistung - nämlich für die entgangene Teilhabe an der (Lohn-)Arbeitswelt. Diese Gegenleistung könne nicht ihrerseits eine Gegenleistung verlangen. Daher ist das Grundeinkommen *bedingungslos* auszuzahlen. Es spiele dabei auch keine Rolle, ob der Bezieher in irgendeiner Form tätig sei, oder etwa „surfen" geht.[57]Van Parijs' Kritiker monieren, dass Rechte und Pflichten einander im Verhältnis der Reziprozität gegenüberstehen: Die Rechte der einen bedingen die Pflichten der anderen und vice versa.[58] Nach dieser Auffassung kann kein Recht als gegenleistungsfrei aufgefasst werden. Das Recht auf Einkommen verlangt demnach die Pflicht zur Gegenleistung in Form von Arbeit des Beziehers.
Diese „reziprozitistische" Argumentation übersehe nach Van Parijs' jedoch, dass bereits der Anspruch eines Rechts auf (Lohn-)Arbeit nicht erfüllt wird. Wenn kein ausreichendes (Lohn-) Arbeitsangebot besteht, kann keine Gegenleistung der Grundeinkommensbezieher erwartet werden. Ein weiteres Argument gegen die Reziprozitisten lautet, dass die Überprüfung der Erfüllung des reziproken Grundsatzes, verstanden als kontrollierte Arbeitspflicht, wiederum

---

[56] Vgl. Füllsack, Manfred: Sozialtheorie, a. a. O. S. 134-135.

[57] Van Parijs bezieht sich hier auf das Beispiel des Surfers, den John Rawls in seiner einflussreichen „Theorie der Gerechtigkeit" anführt. Parijs widerspricht Rawls darin, dass wenig arbeitende und viel Freizeit ausübende Menschen nicht von der Gesellschaft unterstützt werden sollte. Zur Begründung hebt er hervor, dass ein auf einer liberalen Theorie basierendes Grundeinkommen nur, wenn es an alle gezahlt würde, letztlich die liberalen Ziele erfüllen könnte. Dafür zählt er noch einmal die Erwartungen auf, die sich einstellen würden: Die Arbeitszeit würde sich verkürzen, Arbeit und Einkommen würden sich gerechter zwischen Mann und Frau sowie in der Gesellschaft verteilen usw. Eine Gegenüberstellung der Argumentation von Van Parijs und Rawls findet sich in Eichler, Daniel: Armut, Gerechtigkeit und soziale Grundsicherung. Die Entwicklung und normative Rechtfertigung eines armutsvermeidenden und gerechten sozialen Grundsicherungsmodells in Anlehnung an die Theorie des unbedingten Grundeinkommens (unconditional basic income), Magisterarbeit, Frankfurt 2000, hier: S. 123;sowie Rawls, John: Eine Theorie der Gerechtigkeit, Frankfurt 1975.

[58] Vgl. zu den Einwänden der „Reziprozitisten" die Darstellung der Debatte in Füllsack, Manfred: Sozialtheorie, a. a. O. S. 137-139.

einen hohen Verwaltungsaufwand bedeuten und damit einen entscheidenden Vorteil aller Grundeinkommensmodelle zunichtemachen: Die Einsparung von Beamtengehältern in erheblicher Höhe. Ein Teil des Grundeinkommens selbst soll ja häufig bereits aus den Einsparungen des geringeren Administrationsaufwandes gezahlt werden.
Ein weiterer, von der Forderung nach allgemeiner Arbeitspflicht zu unterscheidender Einwand ist die Forderung nach einer Pflicht zur gemeinnützigen Arbeit. Sie unterscheidet sich vom traditionellen Verständnis von Lohnarbeit,[59] indem sie eine Form von „Kommunalarbeit“ im „Dritten Sektor“ einfordert. Dagegen wird jedoch eingewandt, dass vormals ehrenamtliche Tätigkeiten nun von Menschen verrichtet würden, denen die Streichung ihrer Transfers droht.[60] Es ist höchst fraglich, ob diese Tätigkeiten ihren Sinn behalten, wenn sie nun aufgrund von Bezahlung ausgeübt werden. Zudem würde innerhalb dieser Tätigkeiten zwangsläufig eine Hierarchie zwischen freiwilligen und den (bereits in der Bezeichnung „verpflichtet Freiwilligen“ paradox anmutenden) Kontrollierten entstehen. Auch ließe sich das wiederum nur mit hohem Administrationsaufwand realisieren, wodurch die Einsparungsvorteile wie oben bei der Arbeitspflicht in anderen Sektoren ausblieben.
Menschen übernehmen zudem regelmäßig Tätigkeiten „unreziprok“ und ohne staatliche Kontrolle: Die gesellschaftlich höchst notwendigen Tätigkeiten wie Kindererziehung, Ehrenämter und private Altenpflege werden millionenfach ohne die Kontrolle von Ministerien oder Ämtern verrichtet. Obschon die Grundidee sehr alt ist, wäre die *Realisierung* des Grundeinkommens erstmals in der Menschheitsgeschichte eine *conditio sine qua non* für die freie Tätigkeit aller. Das Grundeinkommen ist die notwendige Bedingung, die erstmals die *Möglichkeit* für alle Menschen eröffnet, frei darüber zu entscheiden, welchen Tätigkeiten, bezahlt oder unbezahlt, sie nachgehen wollen.

Im Folgenden soll die den unterschiedlichen (gerechtigkeitstheoretischen bzw. quantitativen und qualitativen) Ansätzen gemeinsamen sozialpolitischen Schlussfolgerungen dargestellt werden, da sie in der jüngsten Debatte und für den Modellvergleich dieser Arbeit von Bedeutung sind.
So sehen sowohl Philippe Van Parijs und Georg Vobruba einerseits wie auch die qualitativen Ansätze (André Gorz, Michael Opielka u.a.) andererseits das Grundeinkommen als Regulator für die Umverteilung von Erwerbsarbeit durch Arbeitszeitverkürzung. Die (um)verteilte Erwerbsarbeit ist ihrerseits wiederum Legitimation für das Grundeinkommen. Bereits das erste umfassende Negativsteuermodell von Rhys-Williams 1942/43 äußerte die Befürchtung, dass sich Arbeitskraftanbieter gegenseitig mit den geforderten Löhnen unterbieten könnten. Dies

[59] Vgl. die Darlegung ebd. S. 141-143.
[60] Ebd.

hätte ein generelles Absinken des Lohnniveaus zur Folge. Die Differenz zum früheren Lohn bestünde aus dem Grundeinkommen, die unternehmerischen Arbeitskraftnachfrager würden, gewissermaßen staatlich subventioniert, deutlich geringere Löhne zahlen. Die Sinnhaftigkeit einer derart massiven einseitigen Subvention der Angebotsseite wäre aber nicht nur volkswirtschaftlich höchst bedenklich. Sie würde in der Folge auch eine wichtige Finanzierungsquelle vieler Modelle – die Einkommensteuer – aufgrund sinkender Einkommen untergraben. Die erwünschten Effekte der Arbeitsumverteilung blieben zudem aus. Die Forderung einiger Grundeinkommensbefürworter nach Einführung eines Mindestlohns ist demnach konsequent. Die Darstellung der Position zu Mindestlöhnen im Neoliberalismus erfolgt unten im entsprechenden Kapitel.

2.1.1.3.2 Kontroversen

Der häufigste Einwand gegen das Grundeinkommen wurde im Prinzip bereits vom neutestamentarischen Apostel Paulus in seinem zweiten Brief an die Thessalonicher formuliert: „Wer nicht arbeitet, soll auch nicht essen." Im 19. Jahrhundert schrieb der damalige SPD-Chefideologe August Bebel: „Der Sozialismus stimmt mit der Bibel darin überein, wenn diese sagt: Wer nicht arbeitet, soll auch nicht essen. Aber die Arbeit soll auch nützliche, produktive Tätigkeit sein."[61] Und schließlich begründet Franz Müntefering mit eben diesem paulinischen Zitat im Juni 2006 die Notwendigkeit einer noch stärkeren Kontrolle von ALG-II-Beziehern.[62]

Das apostolisch-sozialdemokratische Dogma für faktischen und juristischen Arbeitszwang und damit tendenziell gegen ein Grundeinkommen *ohne* Gegenleistung, findet seine ausdifferenziert-moderne Entsprechung im sogenannten „Armutsfallentheorem". Mit der „Armutsfalle" wird vor allem in der Ökonomie angenommen, dass sich Wohlfahrtsstaaten den größten Teil ihrer armen Bevölkerung selbst geschaffen haben, denn Sozialleistungsbezug führe zu *Welfare Dependancy*, zu dauerhafter und massenhafter Sozialleistungsabhängigkeit.[63] Zu

[61] Bebel, August: Die Frau und der Sozialismus, Berlin 1950 (zuerst 1878), S. 471. Andererseits gab es in allen Gesellschaften zu allen Zeiten in unterschiedlichem Ausmaß die Mitversorgung nichtarbeitender Menschen (Kinder, Alter, Kranker oder anderweitig Benachteiligter). Und mittlerweile ist es in den Wohlfahrtsstaaten keineswegs selten, dass Menschen von Erträgen aus Erbschaften, Zinsen oder Dividenden recht gut essen (und leben) können, ohne arbeiten zu müssen (und ohne sich diese Erträge immer selbst erarbeitet zu haben).

[62] Vgl. Schuler, Katharina: Arbeiten für Essen, in: ZEIT online, 10.05.2006.

[63] Die Behauptung wird (mit z.T. unterschiedlichen Argumentationen) neben dem Rational-Choice-Ansatz, auch mit der funktionalistischen Schichtungstheorie, mit Argumenten des kulturalistischen Ansatzes („Kultur der Abhängigkeit") sowie mit Argumenten des psychosozialen Ansatzes begründet, vgl. zur Übersicht das Kapitel „Die

hohe Bezüge schafften negative Anreizwirkungen für die Erwerbsaufnahme, was langfristig beruflichen Aufstieg, befriedigendere Tätigkeiten und steigendes Einkommen verhindere.[64] Dieses Verhalten würde sich ändern, so die Erwartung, wenn die Sozialhilfe so niedrig wäre, dass der Abstand zum Lohn und damit der Anreiz zur Arbeitsaufnahme möglichst hoch sei: Je höher der „Lohnabstand", desto höher die Wechselrate in die Erwerbstätigkeit.

Empirische Untersuchungen haben das einflussreiche Armutsfallentheorem, mit dem sich auch der „aktivierende" Sozialstaat[65] begründen lässt, jedoch nicht bestätigt. Zum einen ist nur ein geringer Teil der Empfänger überhaupt *dauerhaft* Leistungsbezieher. Zum anderen ist die Wechselrate in empirischen Untersuchungen in der Gruppe, in der die höchsten Lohnabstände vorliegen (Gruppe der Singles), gerade nicht am höchsten.[66] Offenbar ist der finanzielle Anreiz in Form des Lohnabstandes nicht das alles entscheidende Kriterium. Hingegen ist bei niedrigeren Lohnabständen (für die Gruppe „Paare ohne Kinder" sind die Lohnabstände am zweithöchsten) die *höchste* Wechselrate in die Erwerbsarbeit zu verzeichnen. Warum ist die Wechselrate trotz der höheren Lohnabstände bei den Singles niedriger? Einiges spricht dafür, dass auch psychosoziale Prozesse, resultierend aus zahlreichen Enttäuschungen, Entmutigungen und Misserfolgen vergeblicher Bemühungen auf den heutigen Arbeitsmärkten einen negativen Lern- und Gewöhnungsprozess hervorgebracht haben. Die subjektiven Erfahrungen werden eingebettet in eine mediale Umgebung, in der die Hoffnung (insbesondere, aber nicht nur) älterer Arbeitnehmer auf baldige Zunahme der Arbeitskraftnachfrage nicht pessimistischer-, sondern realistischerweise niedrig gehalten wird.[67]
Die wiederholten persönlichen Erfahrungen schwer verkraftend und durch öffentlich-mediale Bestätigung entmutigt ist die Motivation zur Neubewerbung irgendwann derart gering, dass es Betroffenen nur noch schwer gelingt, aus der Situation der Arbeitslosigkeit mit Sozialleistungsbezug herauszukommen. Aber selbst in dieser Situation ist die Mobilität in den Arbeitsmarkt nicht gleich null.[68] Fazit: Die Anreize sind „für die Entscheidungen zum Verbleib

---

Armutsfalle im interdisziplinären Kontext" in: Gebauer, Ronald: Arbeit gegen Armut. Grundlagen, historische Genese und empirische Überprüfung des Armutsfallentheorems, Wiesbaden 2007, S. 109-132.

[64] Vgl. Opielka, Michael: Sozialpolitik, a. a. O. S. 85.

[65] Der Diskurs vom „aktivierenden" Staat übte mittlerweile Einfluss auf die meisten Bereiche bundesdeutscher Sozialpolitik; im Bildungswesen soll marktvermittelte Eigeninitiative durch Studiengebühren gefördert werden, im Gesundheitswesen wurde Selbstbeteiligung u.a. in Form der Praxisgebühr realisiert, die kapitalgedeckte Riester-Rente soll Eigenversorgung stimulieren und die Hartz-Gesetze legen ganz ausdrücklich ihren Fokus auf „Aktivierung", vgl. ebd. S. 86-98.

[66] Vgl. Gebauer, Ronald: Arbeit gegen Armut, a. a. O. S. 191.

[67] Dies gilt für Gesellschaften wie die Bundesrepublik, in der das Arbeitskraftangebot die Arbeitskraftnachfrage übersteigt, vgl. Gebauer, Ronald: Arbeit gegen Armut, a. a. O. S. 231-237.

[68] Vgl. ebd. 231-237.

oder Nicht-Verbleib in Sozialhilfe zwar nicht völlig bedeutungslos, aber doch recht klar von untergeordneter Bedeutung (...)."[69] Der häufig massenmedial reproduzierte Mythos einer *freiwilligen* Arbeitslosigkeit, verursacht durch eine allzu bequeme „soziale Hängematte", hält einer empirischen Überprüfung der Realität der Leistungsbezieher also nicht stand.[70] Allerdings unterliegen derartige sozialpolitische Vorstellungen in Wirtschaft, Politik und Öffentlichkeit - auch im Falle ihrer empirischen Widerlegung - nur einem langsamen Deutungswandel.[71]

Diametral entgegensetzt dem Vorwurf, dass ein Grundeinkommen tendenziell zu hohe Sozialleistungen bereitstelle, ist der besonders in der jüngsten bundesrepublikanischen Debatte geäußerte Einwand, das Grundeinkommen würde tendenziell Sozial*abbau* zur Folge haben. Diese Kritik wird insbesondere von gewerkschaftlicher, gewerkschaftsnaher und/oder dezidiert kapitalismuskritischer Seite geäußert.

Ein Vorwurf lautet, das „Netzwerk Grundeinkommen" stelle auch die Modelle eines Milton Friedman oder Joachim Mitschke vor. Deren Modelle seien allerdings neoliberal und müssten deswegen, wenn überhaupt, als ablehnenswert aufgeführt werden.[72] Ebenso wird kritisiert, dass das Netzwerk bestimmte Vorteile des Grundeinkommens für Unternehmen hervorhebt, die aus einer höheren Risikobereitschaft der Arbeitnehmer resultieren. Derartige Vorteile seien aber nur über Kürzungen der Lohnnebenkosten und damit über Kürzungen der Sozialversicherungen möglich.[73] Ein Grundeinkommen schwäche oder bedrohe darüber hinaus die Tarifautonomie, den „Kern des gewerkschaftlichen Zuständigkeitsbereichs" und führe letztlich zur „Zerschlagung des Sozialstaats."[74] Am ausführlichsten hat sich Rainer Roth, Professor für Sozialwissenschaften an der Fachhochschule Frankfurt, kritisch geäußert.[75] Ein Grundeinkommen ohne Bedürftigkeitsprüfung bedeute „Kombilohn und damit Lohnsenkung"[76],

---

[69] Gebauer, Ronald / Petschauer, Hanna / Vobruba, Georg: Wer sitzt in der Armutsfalle? Selbstbehauptung zwischen Sozialhilfe und Arbeitsmarkt, Berlin 2002, S. 85.

[70] Nach den Kenntnissen der internationalen und bundesdeutschen Armutsforschung gelingt es zudem vielen Personen, bei Arbeitsplatzverlust für eine begrenzte Zeit auf Sozialleistungen völlig zu verzichten, obwohl sie anspruchsberechtigt wären, vgl. Gebauer, Ronald: Arbeit gegen Armut, a. a. O. S. 162.

[71] Vgl. ebd. S. 231-237.

72 Vgl. Kreutz, Daniel: Bedingungsloses Grundeinkommen. Verwirrung, Fallen und Legenden, LinksNet.de-Artikel vom 01.07.2005. [[http://www.linksnet.de/artikel.php?id=2043]

[73] Ebd.

[74] So Hans-Josef Luckroh, Leiter der Abteilung Sozialpolitik der IG-Metall, in Übereinstimmung mit Verdi-Chefökonom Michael Schlecht, zitiert in: Knott, Thilo / Koch, Hannes: Das sind die Skeptiker, in: die tageszeitung Nr. 8136 vom 27.11.2006, S. 5.

[75] Roth, Rainer: Zur Kritik des bedingungslosen Grundeinkommens, 2. Aufl., Frankfurt 2006.

[76] Ebd. S. 9.

eine „Senkung der 'Lohnnebenkosten' und damit Lohnsenkung,“[77] werde zudem unnötigerweise auch an Reiche gezahlt und untergrabe schließlich das „Bündnis zwischen erwerbslosen und beschäftigten LohnarbeiterInnen.“[78] Insgesamt sei die Maßnahme ein angebotsorientiertes Geschenk an die Unternehmerseite und daher „weder als konkrete Tagesforderung noch als langfristiges Ziel“[79] im Interesse der Beschäftigten und Erwerbslosen. Ein Problem vieler Kritiker ist allerdings, dass sie weder offenlegen, was sie genau unter „neoliberal“ verstehen, noch welches der unzähligen Grundeinkommensmodelle jeweils konkret gemeint ist.[80] Daher wird im Folgenden zunächst eine Klärung des Begriffs Neoliberalismus vorgenommen. Daran anschließend werden im Hauptteil vier konkrete Modelle dahingehend überprüft, ob sie dem hier zugrunde liegenden Neoliberalismusverständnis entsprechen.

2.1.2 Eingrenzung des Begriffs „Neoliberalismus“

Unter „Neoliberalismus“ wird allgemein eine bestimmte wirtschaftliche und politische Denkrichtung verstanden. Die aktuelle Debatte um diesen Begriff wird in hohem Maße von der Globalisierungsdiskussion geprägt.[81] Darin wird der Neoliberalismus teilweise als ein alles beherrschendes, hegemoniales Paradigma bezeichnet, welches die Unterwerfung des Denkens und Handelns der Menschen unter die Prinzipien des Marktes erfordere.[82] Die neoliberale Ideologie erfordere die Dominanz von Profitkalkül und verhindere ökologisches und soziales Handeln zugunsten einer „Religion des Egoismus“. Dagegen stehen Stimmen, die behaupten, in einer derartigen Begriffsverwendung sei der Neoliberalismus nicht mehr als „lamentierender Zeitgeist“ und „ausschließlich von seinen Gegnern definiert.“[83] Zudem würden unterschiedliche Epochen liberalen Denkens miteinander verwechselt und die Kernbegriffe oft nicht voneinander unterschieden.

Zur Klärung des Begriffs werden daher die Unterschiede zwischen dem klassischen, dem französischen und dem Manchester-Liberalismus im Folgenden kurz skizziert. Des Weiteren wird

---

[77] Ebd. S. 15.

[78] Ebd. S. 36.

[79] Ebd. S. 3.

[80] Roth nennt in seiner Kritik zwar ausdrücklich die breite Definition des „Netzwerk Grundeinkommen“, bezieht sich ansonsten aber abwechselnd auf verschiedene Modelle und Autoren, was eine klare Nachvollziehbarkeit erschwert.

[81] Vgl. Willke, Gerhard: Neoliberalismus. Frankfurt / New York 2003.

[82] Vgl. ebd. S. 11-27.

[83] Ebd. S. 185.

zur genaueren Begriffsbestimmung zwischen den ordnungspolitischen Rahmenbedingungen, den wirtschaftstheoretischen Grundlagen sowie den wirtschaftspolitischen Konzeptionen des Neoliberalismus – dem Monetarismus und der Angebotsökonomie - unterschieden.[84] Für eine detailliertere Darstellung des Sozialstaatsverständnisses wird dann mit Milton Friedman „der wohl bekannteste Vertreter der neoliberalen Wirtschaftstheoretiker"[85] ausgewählt.

2.1.2.1 Vom „klassischen" zum „neuen" Liberalismus

Der Neoliberalismus ist eine wirtschaftliche und politische Denkrichtung, die auf eine der großen politischen Ideen der letzten zweihundertfünfzig bis dreihundert Jahre, den klassischen Liberalismus, zurückgreift. Im Liberalismus wird eine Gesellschaftskonzeption vertreten, welche die Freiheit des Individuums und die Bedeutung der Selbstverantwortung betont.[86] Die geistigen Wurzeln des Liberalismus liegen in der schottischen und englischen Moralphilosophie des 18. Jahrhunderts, u.a. bei Adam Ferguson, John Stuart Mill, John Locke, David Hume, und Adam Smith.[87] Die Kritik des Liberalismus galt zunächst der absolutistischen Herrschaftsform und wurde somit vor allem als politische Bewegung verstanden. Sie wandelte sich allerdings bald zu einer auch die Wirtschaftsordnung gestalten wollenden Idee, da nach den Anhängern des Liberalismus politische Freiheit ohne ökonomische Freiheit unmöglich sei. Welche konkreten Aufgaben aus dem liberalen Verständnis der politischen Praxis zukommen, beantworten die jeweiligen Vertreter der sich im Laufe der Zeit und vor dem Hintergrund sich wandelnder historischer Kontexte herausbildenden Denkrichtungen sehr unterschiedlich.[88] Es lassen sich vier Denkrichtungen voneinander unterscheiden: Der

---

[84] Mit dieser Unterteilung folge ich diesem Standardwerk: Kromphardt, Jürgen: Konzeptionen und Analysen des Kapitalismus. 4., durchges. und akt. Aufl., Göttingen 2004, S. 205-236.

[85] Willke, Gerhard: Neoliberalismus, a. a. O. Klappentext.

[86] Vgl. Streit, Manfred E.: Der Neoliberalismus – Ein fragwürdiges Ideensystem? In: ORDO Bd. 57, Stuttgart 2006, S. 92.

[87] Letzterer ist heute weniger als Moralphilosoph bekannt, sondern gilt mit seinem Werk „Der Wohlstand der Nationen" vor allem als erster Nationalökonom, siehe Smith, Adam: Der Wohlstand der Nationen. Eine Untersuchung seiner Natur und seiner Ursachen, Übers. Horst Claus Recktenwald. 5. Aufl. München 1990 (engl. Original 1776). Aufgrund seiner radikalen Analyse der Politik aus ökonomischer Sicht kann davon gesprochen werden, dass auf Basis seiner Lehren ein „ökonomischer Imperialismus" entstanden ist, ein Ansatz, der alles menschliche Verhalten bis hin zum Heiratsverhalten und zur Partnerwahl mit dem rationalen Eigeninteresse der Menschen erklären will, vgl. Reese-Schäfer, Walter: Klassiker der politischen Ideengeschichte. Von Platon bis Marx, München / Wien 2007, S. 114.

[88] Vgl. Artikel: „Liberalismus", in: Gabler-Wirtschafts-Lexikon, Bd. 6 a. a. O. S. 2443; vgl. auch Schiller, Theo: Liberalismus. In: Nohlen, Dieter (Hrsg.): Kleines Lexikon der Politik, München 2001, S. 276; für Gall liegt ein „fast

Klassische oder Angelsächsische Liberalismus, der Französische Liberalismus, der Manchester- oder Laisser-faire-Liberalismus und, als jüngste Ausprägung, der Neoliberalismus.[89]

Für den Klassischen (angelsächsischen) Liberalismus ist die Forderung nach Meinungsfreiheit, nach Gleichheit vor dem Gesetz sowie Individualeigentum an den Produktionsmitteln kennzeichnend. Der Staat soll eine verbindliche Rechtsordnung schaffen, innere und äußere Sicherheit der Bürger gewährleisten sowie öffentliche Güter bereitstellen, sofern sie für die wirtschaftliche und gesellschaftliche Entwicklung relevant sind. Als störend oder wettbewerbsbeschränkend werden vor allem staatliche Aktivitäten gesehen, aufgrund weshalb deren Beschränkung auf das Mindestmaß gefordert wird.

Der Französische Liberalismus, wie er u. a. von Anne Robert Jacques Turgot, Marie-Jean-Antoine-Nicolas de Condorcet und Emmanuel Joseph Sieyès vertreten wird, vertraut weniger auf die schöpferischen Kräfte des freien Marktes. Stattdessen wird, ausgehend von naturrechtlichen Prinzipien, der menschlichen Vernunft die Aufgabe zuteil, die materielle Ungleichheit unter den Menschen, welche aus der formalen Verfahrensgleichheit vor dem Gesetz resultiere, durch entsprechend geplante Gegenmaßnahmen auszugleichen.

Im Laisser-faire- oder Manchesterliberalismus wird noch stärker als im klassischen Liberalismus auf staatliche Aktivität verzichtet. Das manchesterliberale Ideal des „Nachtwächterstaates" verzichtet zusätzlich auf die Bekämpfung sozialer Missstände oder die Zerschlagung von Monopolen.

Der „neue" oder Neo-Liberalismus greift im 20. Jahrhundert Forderungen des klassischen Liberalismus wieder auf, korrigiert diese aber aufgrund der Erfahrungen, die mit dem Laisser-faire-Liberalismus, mit kommunistischen Zentralverwaltungs-ökonomien sowie mit einem „konzeptionslosen Interventionismus"[90] gemacht wurden. Wirtschaft und freier Wettbewerb werden als abhängig von der staatlichen Ordnung begriffen. Dem Staat kommt im Neoliberalismus daher die Aufgabe zu, den Wettbewerb vor schädlicher privater Marktmacht (Monopolbildung) zu schützen, staatliches Markteingreifen, wie Konjunktursteuerung oder Verstaatlichung privater Unternehmen, dagegen zu unterlassen.

---

radikaler Gestaltwandel unter veränderten historischen Bedingungen" vor, siehe: Gall, Lothar: Einleitung. In: Ders.: (Hrsg.): Liberalismus, Köln 1976, S. 10.

[89] Hier folge ich der Einteilung des Artikels „Liberalismus", in: Gabler-Wirtschafts-Lexikon, Bd. 6 a. a. O. S. 2443-2444; zu ebenfalls möglichen anderen, aus systematischer Perspektive resultierenden Einteilungen vgl. auch Schiller, Theo: Liberalismus, a. a. O. 277-282.

[90] Artikel „Liberalismus", in: Gabler-Wirtschafts-Lexikon, Bd. 6, a. a. O. S. 2444.

2.1.2.2 *Rahmenbedingungen, Grundlagen und Konzeptionen*

2.1.2.2.1 *Ordnungspolitische Rahmenbedingungen*

Die ordnungspolitischen Aufgaben des Staates werden im neoliberalen Denken unterschiedlich konzipiert. Noch 1959 hielt der Neoliberale Ludwig von Mises bezüglich der Funktion des Staates an Vorstellungen des Laisser-faire-Liberalismus fest, indem er staatliche Aufgaben auf „Rechtschutz im Innern und Verteidigung gegen Angriffe von außen“[91] beschränkt. Gegenüber dieser antietatistischen Vorstellung[92] kommt dem Staat bei Milton Friedman - „der wohl prominenteste Vertreter des Neoliberalismus in den USA“[93] - eine vergleichsweise etwas umfangreichere Aufgabe zu, welche er in einem Aufgabenkatalog in „Kapitalismus und Freiheit“[94] beschreibt. Zu den Interventionsmöglichkeiten zählen hier z. B. das Eingreifen gegen unnötige externe Effekte durch Umweltverschmutzung oder die Sorge für Kinder und Geisteskranke.[95] Käme es aufgrund technischer Gegebenheiten zu Monopolen (z. B. für Gas, Wasser, Telefon) bestehe grundsätzlich die Wahl zwischen einem *staatlichem* Monopol, einem *privatem* Monopol, und staatlicher *Kontrolle* eines privaten Monopols. Das Privatmonopol unter staatlicher Kontrolle sei dabei das kleinste „Übel“. Im Unterschied zu Mises und Friedman fordern die Vertreter der ordoliberalen Freiburger Schule einen Staat, der so stark sein müsse, dass er den freien Wettbewerb der Markteilnehmer garantieren könne.[96] Nach Walter Eucken, dem wichtigsten Vertreter dieser Schule, reiche das Verbot von Kartellen dafür nicht aus. „Vielmehr ist eine positive Wirtschaftsverfassungspolitik notwendig, die darauf abzielt, die Marktform der vollständigen Konkurrenz zur Entwicklung zu bringen.“[97] Auf andere

[91] Mises, Ludwig von: Artikel „Liberalismus II: Wirtschaftlicher Liberalismus“, in: Handwörterbuch der Sozialwissenschaften, 12 Bde., Bd. 6, Stuttgart / Tübingen / Göttingen 1959.

[92] Antietatismus ist nicht zu verwechseln mit Anarchismus, von letzterem grenzt Mises seinen Liberalismus deutlich ab, vgl. Reese-Schäfer, Walter: Politische Theorie der Gegenwart in fünfzehn Modellen, München 2006, S. 28 sowie S. 32.

[93] Kromphardt, Jürgen: Kapitalismus, a. a. O., S. 206. Für Mises gehört sowohl der heute als radikaler Vertreter des Neoliberalismus geltende Friedman wie auch die anderen Mitglieder der Chicago School aufgrund deren Staatsverständnisses zu einem „Haufen“ Sozialisten, vgl. Reese-Schäfer, Walter: Politische Theorie, a. a. O., S. 14.

[94] Friedman, Milton: Kapitalismus und Freiheit. 3. Aufl., München 2006.

[95] Sofern Individuen bei negativen externen Effekten wie Umweltverschmutzung keine Möglichkeit haben, dagegen vorzugehen, darf eingegriffen werden. Entstehen durch staatliches Handeln positive Rückwirkungen wie im Erziehungswesen, in dem die Vermittlung minimaler Kenntnisse für die Existenz demokratischer Gesellschaften grundlegend sei, sollte auch hier eingegriffen werden. Auch für die Sorge für Kinder und Geisteskranke dürfe staatlich eingegriffen werden.

[96] Vgl. Kromphardt, Jürgen: Kapitalismus, a. a. O. S. 207.

[97] Eucken, Walter: Grundsätze der Wirtschaftspolitik. 3. Aufl., Tübingen / Zürich 1960, S. 255.

Interventionen des Staates sei weitgehend zu verzichten, da diese zu Verstrickungen mit den Interessensgruppen führten, wodurch die Stärke und Unabhängigkeit des Staates gefährdet sei. Dieser mächtige Staat ist für die Ordoliberalen mit der liberalen Staatskritik vereinbar, sofern durch die Auflösung privater Machtkonzentrationen die Freiheit der Individuen vergrößert wird.[98] Dadurch soll nicht nur private unternehmerische Initiative gefördert werden, sondern auch ein zentrales Element der marxistischen Kritik am Kapitalismus, das Privateigentum an den Produktionsmitteln, legitimiert werden. Dies werde erreicht, indem der Unternehmer gezwungen sei, seine ganze Kraft in den Dienst der Allgemeinheit zu stellen. Durch die Umsetzung dieser Rahmenbedingungen wird nach Vorstellung der meisten Ordoliberalen der Kapitalismus so stabil, dass er keiner Globalsteuerung mehr bedürfe.[99]

2.1.2.2.2 Neoklassik als theoretische Grundlage

Als erster Vertreter der Neoklassik gilt der Ökonom Alfred Marshall, dessen Hauptwerk „Principles of Economics“ 1890 den Übergang von der klassischen zur modernen Ökonomie kennzeichnet.[100] Zentraler Gegenstand der neoklassischen Theorie ist die Gleichgewichtsanalyse. Da alle Marktteilnehmer, so die Annahme, ihren eigenen Nutzen optimieren wollen (z. B. Haushalte ihren Konsum und Unternehmen ihren Profit) entstünde auf den jeweils betrachteten Märkten ein Gleichgewicht zwischen der Angebots- und der Nachfragekurve. Die Interessenkonkurrenz der Teilnehmer wirke dabei als kontrollierende Gegenkraft.[101] Langfristige Ungleichgewichte seien ausgeschlossen, da sich jedes Angebot im Laufe der Zeit seine Nachfrage schaffe. Auf dem Arbeitsmarkt gilt dies analog: Wer zum herrschenden Lohn zu arbeiten bereit ist, findet Arbeit. Ungleichgewichtsursachen wie Monopole, Oligopole und das Problem unvollständiger Konkurrenz gelten als exotische Ausnahmen, die vernachlässigt

---

[98] Vgl. Kromphardt, Jürgen: Kapitalismus, a. a. O. S. 207-208.

[99] Es ist strittig, ob der Ordoliberalismus eine Ausprägung des Neoliberalismus oder wegen der ihm eigenen Betonung des starken Staates nicht dem Neoliberalismus zuzuordnen ist. Tendenziell neigen wirtschaftswissenschaftliche Autoren eher dazu, ihn dem Neoliberalismus zuzuordnen, zumal ordoliberale Ökonomen sich heute auch selbst ausdrücklich als „neoliberal“ verstehen und betonen das „Liberale“, den freien Wettbewerb. Sozialwissenschaftliche Autoren neigen tendenziell eher dazu, die Funktion des „Ordnens“ des starken Staates im ordoliberalen Denken zu betonen und ordnen ihn daher nicht dem Neoliberalismus zu. In dieser Arbeit wird der Ordoliberalismus, seiner Entstehungsgeschichte sowie der Selbstzuschreibung ordoliberaler Ökonomen folgend, als neoliberal verstanden.

[100] Vgl. Hüther, Michael: Die Faszination des Gleichgewichts, in: Ders. (Hrsg.): Klassiker der Ökonomie. Von Adam Smith bis Amartya Sen, Bonn 2006, S. 117.

[101] Vgl. Willke, Gerhard: Neoliberalismus, a. a. O. S. 61.

werden können.[102] Zerstörerische Ungleichgewichte wie die Weltwirtschaftskrise 1929 werden aus neoklassischer Perspektive nicht mangelnder Gleichgewichtstendenz, sondern falscher politischer Intervention zugeschrieben.[103] Staatliches Eingreifen würde die Wirtschaftssubjekte am Erreichen der optimalen Gleichgewichtssituation hindern. Welche konkreten Eingriffsrechte und -pflichten der Staat oder die Zentralbank darüber hinaus haben, blieb in der Neoklassik weitgehend unbeachtet. Allerdings waren staatliche Steuerungsmöglichkeiten während der Jahrhundertwende vom 19. zum 20. Jahrhundert noch vergleichsweise gering, das Instrumentarium zur Konjunktursteuerung war sehr begrenzt und konnte nur durch geringe Variationen seiner Einnahmen und Ausgaben Einfluss nehmen.[104]

2.1.2.2.3 Monetarismus

Der Monetarismus ist im engeren Sinne eine volkswirtschaftliche Theorie zur Geldmengensteuerung. Vertreter des Monetarismus gehen wie die Neoklassiker davon aus, dass Marktwirtschaften bei flexiblen Preisen zu einem stabilen Gleichgewicht tendieren. Staatliche Interventionen gelten darum überwiegend als gleichgewichtsstörend. Darüber hinaus seien sie langfristig unwirksam und krisenauslösend oder –verstärkend, da aufgrund zeitlicher Verzögerungen die Maßnahmen erst bei einer geänderten Konjunktursituation greifen würden. Monetaristen befürworten daher eine mittel- bis langfristig ausgerichtete, auf Konstanz zielende Geldmengenpolitik mit niedriger Inflationsrate.

Im weiteren Sinne ist Monetarismus eine umfassende wirtschaftstheoretische Lehrmeinung, deren Vertreter neben geldpolitischen Aussagen auch solche über Einkommens-, Beschäftigungs-, oder Verteilungspolitik machen. Als Lehrmeinung entwickelte sich der Monetarismus in Auseinandersetzung mit der Lehre von John Maynard Keynes. Wichtige Grundannahmen von Keynes sind, dass Marktwirtschaften tendenziell instabil sind und Konjunkturschwankungen durch staatliche Interventionen ausgeglichen werden sollten. Diese Annahmen gewannen nach der Weltwirtschaftskrise erheblichen Einfluss und bildeten nach dem Zweiten Weltkrieg die Basis für die Wirtschaftspolitik der meisten westlichen Industrieländer. Der Monetarismus sieht demgegenüber als entscheidenden Faktor wirtschaftlicher Entwicklung nicht die Fiskalpolitik, sondern die Geldpolitik.[105] Die Ablehnung der Fiskalpolitik führt

---

[102] Vgl. Kromphardt, Jürgen: Kapitalismus, S. 214.

[103] Vgl. Willke, Gerhard: Neoliberalismus, a. a. O. S. 62.

[104] Auch Geldpolitik war gebunden, da alle bedeutenden Nationen ihre Währungen seit 1871in Goldstandards fixierten und darüber mit den anderen Währungen in Verbindung standen, vgl. Kromphardt, Jürgen: Kapitalismus, a. a. O. S. 215.

[105] Vgl. Andersen, Uwe: Monetarismus. In: Nohlen, Dieter (Hrsg.): a. a. O. S. 312.

zwangsläufig zur Ablehnung der Nachfrageökonomie. Die Nachfrageseite stellt im Denken Keynes' die wichtigste, mit Hilfe der Fiskalpolitik zu verändernde Größe dar. Die „keynesianische Revolution" wurde im Zuge wirtschaftlicher Probleme wie Inflation und Arbeitslosigkeit Ende der 70er, Anfang der 80er Jahre durch eine „monetaristische Gegenrevolution" abgelöst. Neben der Geldpolitik verblieb damit nur noch die Angebotsökonomie zur Wirtschaftssteuerung.[106]

2.1.2.2.4 Angebotsökonomie

Die Angebotsökonomie geht auf den österreichischen Wirtschaftswissenschaftler Josef A. Schumpeter zurück. Im Gegensatz sowohl zu Marx, der die systemimmanenten Widersprüche des Kapitalismus für dessen Dynamik verantwortlich machte, als auch zu Keynes, der die Nachfrageseite für entscheidend hielt, sah Schumpeter die Ursache für die Dynamik des Kapitalismus im Unternehmertum.[107] Von weitsichtigen Banken finanziert schüfen wagemutige Unternehmer Innovationen in Form neuer Produkte, neuer Technologien oder neuer Absatzmärkte. Ihr Motiv sei die Realisierung von vorübergehenden Monopolrenten, den Pioniergewinnen, die dem Ersten auf dem Markt vorbehalten bleiben. Sei ihr Handeln erfolgreich, zögen weitere Unternehmer nach und die Bewegung münde in einen gesamtwirtschaftlichen Aufschwung. Die nicht von Erfolg gekrönten Innovationen werden im Zuge einer heilsamen Reinigungskrise - der berühmten „schöpferischen Zerstörung" – untergehen, bieten aber gleichzeitig das Rohmaterial für den neuen Aufschwung.[108] Unter dem Begriff „Supply-Side-Economics" ist zuerst in den USA Ende der 70er Jahre eine weniger theoretisch, sondern eher praktisch betriebene angebotsorientierte Wirtschaftspolitik aufgetreten, die unter Präsident Reagan zum „offiziellen Credo" wurde.[109] Neben der Übernahme der monetaristischen Theorie sind vor allem die Einschränkung des öffentlichen Sektors und die Erweiterung der Spielräume privater Unternehmer die zentralen Kennzeichen dieser Konzeption. In der BRD beginnt die Angebotsökonomie wiederum zunächst in der Wirtschaftswissenschaft, namentlich im Jahresgutachten des Sachverständigenrates von 1977/78:

---

[106] Vgl. Kromphardt, Jürgen: Kapitalismus, a. a. O. S. 217.

[107] Vgl. Starbatty, Joachim: Der Herold der „New Economy" und der Metropole, in: Hüther, Michael: (Hrsg.): Klassiker der Ökonomie. a. a. O. S. 188.

[108] Vgl. Starbatty, Joachim: Der Herold der „New Economy", a. a. O. S. 188.

[109] Vgl. Kromphardt, Jürgen: Kapitalismus, a. a. O. S. 228.

> „Als autonome Ursache des Beschäftigungsproblems kommt die Angebotsseite insbesondere dann ins Spiel, wenn Investitionsrisiken, Anpassungshemmnisse im Strukturwandel und hohe Produktionskosten das Ertragskalkül so stark belasten, dass zu viele darauf verzichten, ihre Produktionsanlagen zu erweitern und zusätzlich neue zu schaffen."[110]

Kritik an der mit der Angebotsökonomie einhergehenden Umverteilung (von ökonomisch Erfolglosen zu wirtschaftlich Erfolgreichen) wird oft damit gerechtfertigt, dass die höheren Leistungen der Erfolgreichen durch einen „trickle-down-effekt" langfristig auch den „ärmeren" zugutekämen. Dieses Zukunftsversprechen ist jedoch nicht gesichert (und erfahrungsgemäß keineswegs immer eingetreten), es dürfte fraglich sein, ob unerwünschte soziale Entwicklungen damit gerechtfertigt und/oder verharmlost werden sollten.[111]

2.1.2.3 Der Sozialstaat im Neoliberalismus

In der vergleichenden Sozialpolitik hat sich in den 1990er Jahren im Zuge der Publikationen des dänischen Politikwissenschaftlers Gosta Esping-Andersen das Konzept des Wohlfahrtsregimes[112] („welfare regime") durchgesetzt.[113] Nach dessen Regimetheorie lässt sich eine Typologisierung in sozialdemokratische/sozialistische, liberale und konservative Regimes vornehmen. Derartige „Idealtypen" sind nach Max Weber nützlich zum Vergleich unterschiedlicher Systeme, für die Überprüfung des Vorhandenseins gedanklicher Ideen oder Theorien in der empirischen Wirklichkeit jedoch zu ungenau.[114] Zur späteren Beantwortung der Frage, ob es sich bei konkreten Grundeinkommensmodellen um solche neoliberalen Typs handelt, werden die wichtigsten neoliberalen Wohlfahrtstaatsverständnisse in einem Abriss skizziert. Aufgrund der im neoliberalen Sozialstaatsdenken vorliegenden Variabilität innerhalb der Theorie wird anschließend das Sozialstaatsdenken eines einzelnen Theoretikers rekonstruiert.

---

[110] Sachverständigenrat zur Begutachtung der Gesamtwirtschaftlichen Entwicklung (Hrsg.): Mehr Wachstum, Mehr Beschäftigung. Jahresgutachten 1977/78, Stuttgart / Mainz 1977, Ziffer 242.

[111] Vgl. Kromphardt, Jürgen: Kapitalismus, a. a. O. S. 234-236.

[112] Der Begriff „Sozialstaat" ist in internationalen Diskussionen unüblich, in der Regel wird vom „Wohlfahrtstaat" gesprochen. In dieser Arbeit werden beide Begriffe synonym verwendet, zu semantischen Unterschieden siehe Lessenisch, Stephan (Hrsg.): Wohlfahrtstaatliche Grundbegriffe. Historische und aktuelle Diskurse, Frankfurt / New York 2003.

[113] Vgl. Darstellung und Kritik bei Opielka, Michael: Sozialpolitik, a. a. O. S. 24 ff.

[114] Vgl. Weber, Max: Die ‚Objektivität' sozialwissenschaftlicher und sozialpolitischer Erkenntnis, in: ders.: Gesammtelte Aufsätze. Band 7, 7. Aufl., Tübingen, 1988 (Original 1904), S. 146-214.

Wie zu zeigen sein wird, bietet sich Milton Friedman aus drei Gründen als Referenz für die Überprüfung neoliberaler Inhalte an: Erstens gilt er als einer der wichtigsten Neoliberalen des 20. Jahrhunderts. Zweitens bekleidet er innerhalb der neoliberalen Strömungen keine Rand- oder Extremposition, vielmehr lässt er sich zwischen den Polen „Marktradikalismus" und „Ordoliberalismus" verorten. Und aus forschungspragmatischen Erwägungen ist es drittens hilfreich, dass Friedman sich sowohl zu einzelnen wirtschafts- und sozialpolitischen Maßnahmen geäußert sowie mit der Negativsteuer ein eigenes Modell vorgelegt hat, welches eine gewisse Grundsicherung gewährleisten soll. Seine Position lässt sich damit eindeutig rekonstruieren und auf Überreinstimmung mit den Grundeinkommensmodellen überprüfen.

Hinsichtlich der Unterscheidung neoliberaler Strömungen wird in der Regel eine Unterteilung in folgende Schulen vorgenommen: Die österreichische Schule (Ludwig von Mises, Fritz Machlup, Friedrich August von Hayek), die amerikanische oder Chicagoer Schule (Frank A. Knight, Georg Stigler, Milton Friedman, Henry C. Simons, James M. Buchanan) sowie die deutsche (oder ordoliberale) Freiburger Schule (Walther Eucken, Franz Böhm, Leonhard Miksch und ihnen nahestehend Alexander Rüstow und Wilhelm Röpke sowie Alfred Müller-Armack und Ludwig Erhard). Aufgrund nicht trennscharfer Unterscheidbarkeiten der Schulen und Mehrfachzuordnungsmöglichkeiten einiger Mitglieder[115] ist es für die Unterscheidung des Sozialstaatsverständnisses in dieser Arbeit sinnvoller, nach dem Grad der Ablehnung sozialpolitischer Aktivität zu unterscheiden. Hierfür lassen sich drei neoliberale Positionen ausmachen: Ein „Wettbewerbsradikalismus", ein „Sozialstaatlicher Minimalismus" und der „Ordoliberalismus".
Eine radikale Ablehnung staatlicher Interventionen findet sich u.a. bei dem Österreicher Ludwig von Mises (1881-1973) und dem US-amerikanischen Ökonom James M. Buchanan (geb. 1919). Beide lehnen jegliche staatliche Eingriffe in den Wettbewerb konsequent ab, gleich ob mit den Maßnahmen etwa Arbeitnehmerschutz, Umverteilung oder Aufrechterhaltung der Konkurrenz intendiert ist. Das Sozialversicherungssystem sollte ebenfalls dem Markt überlassen bleiben. Ihre Position wird daher im Folgenden als „Wettbewerbsradikalismus" bezeichnet.
Davon zu unterscheiden ist die Auffassung, der Staat könne minimale soziale Aufgaben wahrnehmen. In diesem Sinne ist es für Friedrich August von Hayek (1899-1992) etwa denkbar,

---

[115] Hayek etwa beeinflusste alle drei Schulen; er leitete gemeinsam mit Mises die Wiener Schule, lehrte von 1950 bis 1962 in Chicago und war von 1962 bis 1967 Professor in Freiburg, wo er Vorstandsmitglied des Walter Eucken Instituts wurde. Und Müller-Armack, der Erfinder des Begriffs „Soziale Marktwirtschaft", stützt sein Konzept allgemein auf die neoliberale Theoriebildung der seit den 1930er Jahren und stellt Hayek in eine Reihe mit Röpke, Böhm, Rüstow und Eucken; vgl. Ptak, Ralf: Ordoliberalismus, a. a. O.

eine Mindestsicherung zur Armutsverringerung könne in Kooperation von privaten Akteuren mit dem Staat umgesetzt werden.[116] Milton Friedman (1912-2006) hat zur Armutsverringerung das Modell der „Negativen Einkommensteuer“ (s.u.) bekannt gemacht. Die Mindestsicherung solle allerdings so geringgehalten werden, dass sie keine „Exit-Option“ für die erwerbsarbeitsfähige Bevölkerung enthalte. Neben diesen Zugeständnissen an einen minimalen Sozialstaat sprechen sich beide deutlich gegen Einkommensumverteilung oder Regulierung der Erwerbsarbeit, z.B. durch Mindestlohngesetzgebung, aus. Die Position von Friedman und Hayek wird im Folgenden als „Sozialstaatlicher Minimalismus“ bezeichnet.
Eine dritte neoliberale Position lässt sich im „Ordoliberalismus“ ausmachen. Sein Begründer Walter Eucken (1891-1950) wendete sich gegen einen Staat, der den Interessengruppen einer Gesellschaft hilflos ausgeliefert sei. Wichtigstes Ziel ist daher die Verwirklichung der vollständigen Konkurrenz zur Bändigung der ökonomischen Macht Einzelner. Der hierfür benötigte „starke Staat“ soll das Ziel umsetzen, indem er wirtschaftspolitisch deutlich häufiger interveniert als im Wettbewerbsradikalismus oder Staatsminimalismus, die Interventionen sollen aber nicht ad hoc, sondern in einem vorher festgelegten Rahmen stattfinden.

2.1.2.4 Die Negative Einkommensteuer bei Milton Friedman

Im Unterschied zu Hayek, für den eine Mindestsicherung lediglich vorstellbar ist, hat Friedman mit der Negativen Einkommensteuer (NES) ein eigenes Modell entworfen. Friedmans Modell der negativen Einkommensteuer geht dabei auf die Idee der „Sozialdividende“ der britischen Sozialpolitikerin Juliette Rhys-Williams aus dem Jahr 1942 zurück.[117] Ihr Modell gilt als erstes umfassendes Konzept einer Negativsteuer.[118] Friedmans Modell, das auch als

---

[116] Als Begründung wird allerdings nicht „soziale Gerechtigkeit“ angeführt, sondern die Angst vor potentiellen Aufständen der Ärmsten. Dennoch weicht er damit von der radikalfundamentalistischen Variante eines Mises oder Buchanan etwas ab, vgl. Zintl, Reinhard: Die libertäre Sozialstaatskritik bei von Hayek, Buchanan und Nozick. In: Kersting, Wolfgang (Hrsg.): Politische Philosophie des Sozialstaats, Weilerwist 2000, S. 97-98. In diesem Sinne hat Wilke nur in der Tendenz, nicht jedoch in der konkreten Ausgestaltung recht wenn er schreibt: „In ihrer fundamentalistischen Ablehnung jeglicher sozialstaatlicher, umverteilungspolitischer und sonstiger Eingriffe des Staates als ´sozialistischer´ Machenschaften liegen Hayek und Friedman, die beiden Mentoren des Liberalismus der strengen Observanz, auf einer Linie. Hayeks Maxime - ´ich kann nicht sozial denken, denn ich weiß gar nicht, was das ist´ - gilt auch für Friedman(...)“. Willke, Gerhard: Neoliberalismus, a. a. O. S. 142. Thüringens Ministerpräsident Althaus zitiert Hayek auf seiner Homepage mit dem Satz: »Zweifellos kann jedem einzelnen ein gewisses Maß an Nahrung, Obdach und Kleidung garantiert werden, das für die Erhaltung der Gesundheit und der Arbeitsfähigkeit ausreicht.«, siehe: http://www.thueringen.de/de/buergergeld/neuigkeiten/26613/content.asp
[117] Siehe oben.
[118] Vgl. Spermann, Alexander: Negative Einkommensteuer, a. a. O. S. 39.

„Armutslückenkonzept" (poverty-gap-type) bezeichnet wird, legt er erstmals 1962 in seinem Buch „Capitalism and Freedom" vor.[119] In weiteren Veröffentlichungen im Jahr 1968 grenzt er sich von anderen Negativsteuerkonzepten deutlich ab.[120] Darin betont Friedman, dass er mit seinem Modell von Anfang an für den *Ersatz* des bestehenden Sozialsystems stand und hält alle Vorschläge, die es *zusätzlich* zu den bestehenden Leistungen etablieren wollen, für unverantwortlich.

Anlass für die Publikation des Modells ist seine Kritik an der Sozialpolitik der USA, deren Mindestlohngesetzgebung und „Pro-Gewerkschaftsgesetzgebung" er für falsch hält. Die wesentlichen drei Kritikpunkte sind: Erstens gebe es zu geringe Anreize für die arme Bevölkerung. Staatliche Wohlfahrtsprogramme neigten dazu, arme Bevölkerungsteile erst hervorzubringen.[121] Zweitens werde durch die Prüfung der Bedürftigkeit der Antragssteller ihre Würde und persönliche Freiheit verletzt. Und drittens erfordere das bestehende System, dass Sozialarbeiter Detektiv- und Polizeiarbeit leisten müssten, anstatt die Bedürftigen zu beraten. Das richtige Programm sollte darauf eingerichtet sein, „Menschen als Menschen zu helfen und nicht als Mitglieder bestimmter Berufsgruppen oder Altersgruppen oder Einkommensgruppen oder Gewerkschaften oder Industriezweige."[122]

Dies würde nach Friedman möglich werden, wenn die Sozialprogramme

> „so weit irgend möglich den Markt nicht stören und seine Funktionsweise nicht beeinträchtigen. Dies ist ein Fehler von Preissubventionen, Mindestlohnsätzen, Fixtarifen und Ähnlichem. Die Maßnahme, die sich aus rein technischen Gründen anbietet, ist eine negative Einkommensteuer."[123]

Diese sollte seiner Vorstellung nach möglichst in das bestehende Einkommensteuer-System integrierbar sein. Aus diesem Grund werden die bestehenden Steuerfreibeträge als gegeben hingenommen. Mit ihrer Hilfe wird die „Armutslücke" ermittelt, wie in einem einfachen Rechenbeispiel veranschaulicht werden soll: Für 1962 schlägt Friedman einen Betrag von 300$ pro Jahr und Person vor. Alle Zusatzverdienste dieser Person werden mit 50% besteuert, so lange sie *unter* 600$ (dem damaligen Steuerfreibetrag) bleiben. Alle Bruttoeinkommen

---

[119] Friedman, Milton: Kapitalismus und Freiheit. Geleitwort von Horst Siebert. Frankfurt, 3. Aufl. 2006. Deutsch zuerst 1971.

[120] Friedman, Milton: The Case for the Negative Income Tax, in: Melvin Laird (Hrsg.): Republican Papers 1968, S. 202-220. Der Aufsatz erschien in zwei Teilen in der Newsweek: Friedman, Milton: Negative Income Tax – I, Newsweek 72, 16.09.1968, S. 53; Friedman, Milton: Negative Income Tax – II, Newsweek 72, 07.10.1968, S. 48.

[121] Vgl. hierzu die Darstellung des Armutsfallentheorems in Kap. 1.3.1.3.

[122] Friedman, Milton: Kapitalismus, a. a. O. S. 228

[123] Ebd.

oberhalb der 600-$-Dollar-Grenze werden zum damaligen Steuersatz von 14% besteuert.[124] Die „Armutslücke" ist die Differenz zwischen den von Friedman vorgeschlagenen 300$ und dem Existenzminimum. Eine Person, die nicht erwerbstätig ist, erhält als Mindesteinkommen 300$/Jahr und damit etwa die Hälfte des damaligen Existenzminimums von 600$/Jahr.[125] Friedman weist darauf hin, dass das Mindesteinkommen *bundesweit* auf dieser Höhe liegen solle. In wohlhabenderen Staaten läge die Armutslücke tatsächlich unterhalb des zum Leben notwendigen Existenzminimums, seiner Einschätzung nach läge sie aber wahrscheinlich oberhalb des Niveaus der meisten US-Staaten. Das Modell sollte daher vor allem durch private Wohltätigkeiten ergänzt werden, zudem seien die Bundesstaaten aufgerufen, eine landesweite ergänzende NES einzurichten. Leistungen privater Wohlfahrtsorganisationen seien jedoch vorzuziehen. Die Halbierung des Betrags des zum Leben notwendigen Existenzminimums wird in Friedmans Modell eher als Vorteil betrachtet, da das niedrige Mindesteinkommen in Verbindung mit einer relativ niedrigen Transferentzugsrate den Anreiz zur Arbeit erhöhen soll.[126] Für die Entwicklung der Höhe der Armutslücke geht Friedmann davon aus, dass sie stabil gegenüber politischem Druck wäre. Denn durch jeden höheren Freibetrag, der die Auszahlung an *nichterwerbstätige* Empfänger unterhalb der Freibetragsgrenze erhöhen würde, müssten *Erwerbstätige* unterhalb der Freibetragsgrenze den Steuersatz von 50% für einen höheren Anteil ihres Einkommens zahlen. Eine Berechnung aus dem Jahr 1980 für die USA und die BRD kommt zu dem Schluss, dass es unter den jeweils unterschiedlichen Bedingungen beider Länder nicht möglich wäre, eine Negativsteuer nach Friedmans Modell bei gleichzeitiger Abschaffung der Sozialhilfe einzuführen:

> „Bei diesem Ergebnis ist allerdings zu berücksichtigen, dass es nicht in Friedmans Absicht lag, ein Existenzminimum abzudecken, sondern lediglich die Armutslücke zu einem Teil zu schließen; denn er geht bereits zu Beginn seiner Überlegungen davon aus, dass private Wohltätigkeit die ‚in vielerlei Hinsicht wünschenswerteste' ist."[127] [...] „Aus diesen Erwägungen heraus scheint es nicht möglich, eine negative Einkommensteuer systematisch mit der existenten

[124] Vgl. die Zahlenwerte ebd. S. 228-230; in meinem Rechenbeispiel folge ich: Spermann, Alexander: Negative Einkommensteuer, a. a. O. S. 48ff.

[125] Friedmann betont, dass er durchaus einen geringeren Anrechnungssatz bei höheren Freibeträgen vorziehen würde. Dies ließe sich dann allerdings nicht mehr einfach in das bisherige System integrieren, vgl. auch die Darstellung der Argumentation in Spermann, Alexander: Negative Einkommensteuer, a. a. O. S. 48.

[126] Vgl. Sesselmeier, Werner; Klopfleisch, Roland; Setzer, Martin: Mehr Beschäftigung durch eine Negative Einkommensteuer. Zur beschäftigungspolitischen Effektivität und Effizienz eines integrierten Steuer- und Transfersystems, Frankfurt 1996, S. 27.

[127] Almsick, Josef van: Die negative Einkommensteuer, a. a. O. S. 77.

> Einkommensteuer – sowohl der amerikanischen als auch der deutschen – auf der Basis des Grundfreibetrags zu verbinden, selbst wenn letzterer um den Betrag von Pauschalen und anderen Freibeträgen aufgestockt wird, wenn nicht bereits bestehende Unterstützungsinstitutionen wie z. B. die Sozialhilfe beibehalten werden sollen."[128]

Insgesamt spiegelt sich in Friedmans Modell deutlich seine Auffassung des oben beschriebenen „sozialstaatlichen Minimalismus" wieder: Im Unterschied zu Negativsteuer-Erfinderin Rhys-Williams, die auf staatliche statt privater Sicherung, Mindestlöhne, „Reichensteuer" auf Einkommen und Umverteilung setzte, zieht Friedman private Wohltätigkeit der vollständigen staatlichen Existenzsicherung vor, lehnt Mindestlöhne ab, will das Einkommen von „Reichen" geringer besteuern und verzichtet auf Umverteilung.

[128] Ebd.

3 Das bedingungslose Grundeinkommen – eine neoliberale Forderung?

3.1 Operationalisierung

Zur Beantwortung der Frage, ob die miteinander zu vergleichenden Modelle „neoliberal" sind, werden in einem ersten Schritt Vergleichskriterien (wie z.B. die Einkommenshöhe) ausgewählt. Diese werden in einem zweiten Schritt erläutert bzw. (bei Begriffen wie „Armut", die unterschiedliche Bedeutungen haben kann) unter Zuhilfenahme bewährter sozialwissenschaftlicher oder politischer Definitionen (z.B. Armutsgrenzendefinition) exakt festgelegt. In einem dritten Schritt wird festgelegt, welche Merkmalsausprägung (z.B. unter/oberhalb der Armutsgrenze) als „neoliberal/nicht neoliberal" gewertet wird, indem direkt auf das oben dargelegte Neoliberalismusverständnis Milton Friedmans Bezug genommen wird.
Damit steht ein intersubjektiv nachvollziehbarer Kriterienkatalog zur Bewertung der Modelle zur Verfügung. Durch eine qualitative Analyse werden die Merkmalsausprägungen im Folgekapitel entsprechend zugeordnet. Die Ergebnisse werden daraufhin miteinander verglichen und abschließend bewertet.

3.1.1 Erläuterung der Kriterien und Bewertung der Merkmalsausprägungen

Nur eine oberflächliche Betrachtung könnte einen Vergleich rechtfertigen, der sich allein auf die Auszahlungshöhe eines bedingungslosen Grundeinkommens beschränkt. Im Gegensatz dazu steht der Anspruch, möglichst alle in unterschiedlicher Weise bedeutsamen Kriterien miteinander zu vergleichen – ein solches Vorhaben muss die gesetzten Grenzen dieser Arbeit überschreiten. Es geht also darum, mehrere, und zwar im Hinblick auf die Fragestellung, möglichst relevante Kriterien auszuwählen.

Bei der Betrachtung bereits vorhandener Kriterienkataloge zum Vergleich von Grundsicherungs-/Grundeinkommensmodellen lässt sich eine weitgehende Übereinstimmung feststellen.[129] Eine Ergänzung nimmt Blaschke[130] vor, der den Katalog um die Kriterien „Arbeitsmarkteffekte" und „Lohneffekte" erweitert. Da bei der Einführung eines bedingungslosen Grundeinkommens zum Teil erhebliche Auswirkungen auf Arbeitsmarkt und Löhne erwartet werden (s.o.), werden diese hier ebenfalls in der Kategorie „Auswirkungen auf Erwerbsarbeit" berücksichtigt. Ein Vergleich der Auswirkungen auf Armut, der Auswirkungen auf das System der sozialen Sicherung und Auswirkungen auf Verteilungseffekte durch den Finanzierungsmodus lassen ebenfalls aufschlussreiche Ergebnisse erwarten. Die Einbeziehung des Finanzierungsmodus und der daraus resultierenden Verteilungseffekte bedürfte in seiner Komplexität einer tiefergehenden Analyse.[131] Dieses Kriterium ist allerdings nicht zwingend für das Vorhaben dieser Arbeit erforderlich, da der Charakter der Modelle bereits durch die Kriterien „Auswirkungen auf Armut", „Auswirkungen auf Erwerbsarbeit" und „Auswirkungen auf das System der sozialen Sicherung" wesentlich geprägt ist.

3.1.1.1 Auswirkungen auf Armut

Unter Armut wird im Allgemeinen die Situation eines wirtschaftlichen Mangels verstanden, aufgrund dessen es nicht möglich ist, ein angemessenes Leben zu führen.[132] Dabei wird zwischen absoluter und relativer Armut unterschieden.[133] Als „absolut" arm gilt, wer in seiner Existenz physisch bedroht ist, insofern lebensnotwendige Nahrung, Kleidung, Unterkunft oder medizinische Versorgung fehlen. Dagegen ist „relative" Armut in Abhängigkeit vom Lebensstandard im jeweiligen Land bestimmt, indem eine Person lebt. Da das durchschnittliche

---

[129] Siehe Weeber; Joachim: Monetäre Mindestsicherungsleistungen in der Bundesrepublik Deutschland: Bestandsanalyse, Konzeptionen und Folgewirkungen, Frankfurt/Main 1990; Kaltenborn, Bruno: Modelle der Grundsicherung. Ein systematischer Vergleich, Baden-Baden 1995; Hauser, Richard: Ziele und Möglichkeiten einer Sozialen Grundsicherung, Baden-Baden 1996; Mitschke, Joachim: Grundsicherungsmodelle – Ziele, Gestaltung, Wirkungen und Finanzbedarf. Eine Fundamentalanalyse mit besonderem Bezug auf die Steuer- und Sozialordnung sowie den Arbeitsmarkt der Republik Österreich, Baden-Baden 2000; Blaschke, Ronald: Garantierte Mindesteinkommen. Aktuelle Modelle von Grundsicherungen und Grundeinkommen im Vergleich, 1. aktual. u. erw. Ausgabe, Dresden 2005, S. 20-21.

[130] Blaschke ergänzt den Katalog von insgesamt 14 um zwei weitere Kriterien: „Arbeitsmarkteffekte" und „Lohneffekte", siehe Blaschke, Ronald: Garantierte Mindesteinkommen, a. a. O.

[131] Zur Übersicht über Finanzierungsmodelle siehe Wilke, Martin: Finanzierungsmodelle für ein Bedingungsloses Grundeinkommen, überarbeitete Fassung vom März 2007, o.O., www.martinwilke.de/Finanzierung_Bedingungsloses_Grundeinkommen.pdf

[132] Vgl. Statistisches Bundesamt (Hrsg.): Armut und Lebensbedingungen. Ergebnisse aus LEBEN IN EUROPA für Deutschland 2005, Wiesbaden 2006, S. 17.

[133] Vgl. Lampert, Heinz; Althammer, Jörg: Lehrbuch der Sozialpolitik. Siebte, überarb. und vollst. aktual. Aufl., Berlin / Heidelberg / New York 2004, S. 322-324.

Wohlfahrtsniveau der BRD deutlich oberhalb des physischen Existenzminimums liegt, wird in Deutschland und den meisten EU-Ländern die „relative Armut“ betrachtet. Als relativ arm gelten Menschen, die einen „als annehmbar geltenden Lebensstandard nicht erreichen“, da sie nicht über die entsprechenden Ressourcen wie Einkommen, aber auch Bildungszugang oder soziale Einbindung, verfügen.[134] Neuer EU-Standard zur Messung relativer Armut ist die „Armutsgefährdungsgrenze“ (auch Armutsrisikogrenze), die der Europäische Rat 2001 beschlossen hat.[135]

Die Armutsgefährdungsgrenze liegt bei 60% des Median-Netto-Äquivalenzeinkommens.[136] Im Jahr 2004 lag die Grenze für Deutschland bei einem Jahreseinkommen von weniger als 10.274 Euro (bzw. weniger als 856 Euro pro Monat).[137] Der Anteil der Bevölkerung unterhalb

---

[134] Trotz der Bedeutung nicht-monetärer Aspekte wird „aus Gründen der Praktikabilität“ meist ein monetärer Wert festgelegt, um Armut zu bestimmen, vgl. Statistisches Bundesamt (Hrsg.): LEBEN IN EUROPA, a. a. O. S. 17.

[135] Mit „LEBEN IN EUROPA“ wird der deutsche Teil der Befragung der EU-weiten Gemeinschaftsstatistik über Einkommens- und Lebensbedingungen in Europa (EU-SILC) bezeichnet. EU-SILC ist die neue Standardquelle zur Messung von Armut- und Lebensbedingungen in der Europäischen Union. Rechtsgrundlage dieser Erhebung ist Verordnung (EG) Nr. 1177/2003 des Europäischen Parlaments und des Rates in Verbindung mit dem Bundesstatistikgesetz, siehe: Statistisches Bundesamt (Hrsg.): LEBEN IN EUROPA, a. a. O. S. 45.

[136] Die Ermittlung erfolgt über den Median (Zentralwert) und nicht das Arithmetische Mittel (Durchschnitt), um die Beeinflussung durch extrem hohe oder niedrige „Ausreißer“-Werte zu vermeiden. Um Personen aus verschiedenen Haushaltskonstellationen miteinander vergleichen zu können, wird der Betrag errechnet, den sie alleine wohnend bei demselben Lebensstandard benötigen würden, wobei Kinder aufgrund ihres geringeren Verbrauchs entsprechend gewichtet werden. Diese Größe ist das Äquivalenzeinkommen. Eine Ermittlung der Haushaltseinkommen, die durch die Anzahl der Haushaltsmitglieder geteilt wird, würde dagegen zu Verzerrungen führen. Das Äquivalenzeinkommen wird aufgrund der neuen bzw. modifizierten OECD-Skala errechnet. Zur Berechnung siehe ebd.

[137] In der BRD gibt es verschieden definierte Mindestgrenzen, die teilweise unterhalb, teilweise oberhalb der „Armutsgefährdungsgrenze“ angesiedelt sind. Das sog. „soziokulturelle Existenzminimum“ liegt mit 345 Euro (plus lokal unterschiedlich hohen Wohn- u. Heizkosten, der bundesweite Durchschnitt soll 595 Euro insgesamt betragen) derzeit unterhalb dieser Grenze, weil hierfür mit dem sog. Statistikmodell, welches die die in der Einkommens- und Verbrauchsstichprobe (EVS) erfassten Daten zugrunde legt, nur die Verbrauchsausgaben von Haushalten erfasst werden, die aus den *unteren* Einkommensgruppen stammen, (und nicht die Daten aller Haushalte wie z.B. im Äquivalenzeinkommen). Zahlreich kritisiert wurde die Realitätsferne dieser Methode, weil in unteren Einkommensgruppen oft ein höherer Verbrauch als das verfügbare Einkommen vorliegt und z.B. auch Schulden entstehen bzw. zurückgezahlt werden müssen, zudem entspricht der Bedarf der (hier überproportional vertretenen) älteren Menschen nicht dem Jüngerer, vgl. Blaschke, Ronald: Grundeinkommen zwischen Mindest- und Lebensstandardsicherung. Eine Orientierungshilfe im Zahlenlabyrinth, in: Exner, Andreas; Rätz, Werner, Zenker, Birgit (Hrsg.): Grundeinkommen. Soziale Sicherheit ohne Arbeit, Wien 2007 (im Erscheinen). Vgl. auch SGB XII § 28 Abs. 3, die Höhe des Sozialtransfers hat zudem nach SGB XII § 28 Abs. 4 grundsätzlich niedriger auszufallen als Einkommen abhängiger Arbeit (sog. „Lohnabstandsgebot“), (siehe Gesetzestext: http://bundesrecht.juris.de/sgb_12/__28.html). Die Realitätsferne des „soziokulturellen“ Existenzminimums wird von Kritikern auch darauf zurückgeführt, dass die Berechnung und Festlegung unter Ausschluss von Fachverbänden und Öffentlichkeit stattgefunden hat. Die detaillierten Daten sind bis heute nicht öffentlich einsehbar, was einer

dieses Einkommens bildet die Armutsgefährdungs*quote*. In der BRD lag sie 2004 bei 13%, das entspricht 10,6 Millionen Menschen, darunter auch 1,7 Millionen Kinder unter 16 Jahren.[138] Gelegentlich werden auch weitere Armutsgrenzwerte angegeben, die 70%-Grenze wird als „prekärer Wohlstand" bezeichnet, die 50%-Grenze als „relative Einkommensarmut" (gegenüber der Armuts*gefährdung*) und Personen unterhalb der 40%-Grenze gelten als „arm".[139] Die Armuts- und Reichtumsberichterstattung der Bundesregierung orientiert sich an der Armutsgefährdungsgrenze. Allein Lebende sind demnach von Armut bedroht, wenn sie pro Monat weniger als 856 Euro zur Verfügung haben. Dieser Wert wird im Folgenden als Orientierung verwendet - *gewichtete* Werte, wie sie für Paare (zusammen 1284 Euro im Monat) oder weitere Haushaltsmitglieder[140] gelten, werden aus Gründen der der Forschungspraktikabilität nicht berücksichtigt.[141]

Milton Friedman geht, wie der Begründung für sein Sozialstaatsverständnis entnommen werden kann, im Prinzip von einer vom Staat selbst geschaffenen „Armutsfalle" aus. Sein Vorschlag enthält daher im Allgemeinen (wie auch konkretisiert in seinem Negativsteuermodell) eine deutliche Reduzierung staatlicher Transfers an Arme, um deren Arbeitsanreiz zu erhöhen. Eintritt in Arbeit sei die wirksamste Armutsvermeidungsstrategie. Sollten trotz dieses Vorgehens Menschen arm bleiben, sei es, weil die Löhne zu niedrig sind oder sei es, weil nicht genügend Arbeitskraftnachfrage besteht, solle nicht der Staat eingreifen, sondern das (verbleibende) Armutsproblem solle nach Möglichkeit privater Mildtätigkeit überlassen werden. Dies würde das Funktionieren der Marktwirtschaft am geringsten beeinträchtigen.

Das Existenzminimum der USA der 60er Jahre kann selbstverständlich nicht ohne weiteres mit Armutsgrenzen verglichen werden, die 40 Jahre später, in anderen Ländern unter anderen

---

„Bankrotterklärung" des Rechtsstaates gleichkomme; vgl. Hauch-Fleck, Marie-Luise: Rechnen, bis es passt. Die Bundesregierung manipuliert das Existenzminimum – zum Schaden aller Steuerzahler, in DIE ZEIT, 28.12.2006, Nr. 01, http://zeus.zeit.de/text/2007/01/Argument. Das schuldrechtliche (pfändungsfreie) Existenzminimum nach § 850c ZPO liegt (1. Juli 2005) mit 989,99 Euro netto dagegen oberhalb der EU-Armutsgefährdungsgrenze.

[138]Im Einkommensreferenzjahr 2004 waren Arbeitslosenhilfe und Sozialhilfe noch nicht zum Arbeitslosengeld II zusammengefasst. Inwieweit sich die Einführung von Hartz IV 2005 auf die Armutsgefährdung ausgewirkt hat, wird daher erst im kommenden Bericht erfasst, vgl. Statistisches Bundesamt (Hrsg.): LEBEN IN EUROPA, a. a. O. S.17.

[139] Vgl. ebd. S.17-18.

[140] Ebd. S.17.

[140] Vgl. ebd. S.18.

[141] Durch dieses Vorgehen ergibt sich eine Nähe zu den Grundeinkommensmodellen, nach der das Grundeinkommen individuell in gleicher Höhe an alle Haushaltsmitglieder zu zahlen ist, wie es auch die Definition des „Netzwerk Grundeinkommen" vorsieht. Ein detailliertes Vorgehen müsste der Vollständigkeit halber nicht nur Paare mit deren Kindern und diese wiederum gestaffelt nach über/unter 14 Jahren berücksichtigen, sondern auch Alleinerziehende und deren Kinder usw.; dies würde den Rahmen dieser Arbeit in unverantwortlicher Weise überschreiten.

Rahmenbedingungen, entstanden sind. Friedman hat den Kern seiner Argumentation bezüglich der Armutsvermeidung aber über die Jahre eindeutig aufrechterhalten: Die staatlichen Transfers an Arme sollten unterhalb des zum Leben notwendigen Existenzminimums liegen, um die Menschen in Arbeit zu bringen und das Ideal des neoklassischen Arbeitsmarktes mit möglichst wenig unerwünschten, sozialstaatlich induzierten „Verzerrungen" zu verwirklichen.[142] Im neoliberalen Sozialstaatsverständnis Friedmans werden die staatlichen Transfers zwar nicht, wie ihm gerne zugeschrieben wird, vollkommen abgeschafft. Aber der Kern seiner Argumentation lautet, dass die Transfers zwecks Arbeitsanreizes deutlich unterhalb des zum Leben Notwendigen gesenkt werden müssten.
Bei der Bewertung der Grundeinkommensmodelle werden daher diejenigen als „neoliberal" bezeichnet, deren Transferhöhe unterhalb der Armutsgefährdungsgrenze von 856 Euro pro Monat liegen, als „nicht neoliberal" dagegen diejenigen, die darüber liegen.

3.1.1.2 Auswirkungen auf Erwerbsarbeit

Wie sich die Grundeinkommensmodelle auf die Erwerbsarbeit auswirken, wird anhand der Auswirkungen auf die Erwerbsarbeitszeit und die Erwerbslöhne verglichen.

3.1.1.2.1 Arbeitszeitverkürzung

Von vielen Autoren wird angenommen, dass die Einführung eines Grundeinkommens zu Arbeitszeitverkürzungen führen wird bzw. kann, sofern es in ausreichender Höhe gezahlt wird.[143] Eine Voraussetzung für die Realisierung der Arbeitszeitverkürzung ist dabei, dass die Arbeitskraftanbieter überhaupt eine Verkürzung wünschen. Eine umfangreiche Studie in 16 Ländern mit 30.557 Befragten von 1998 kommt zu dem Ergebnis, dass Erwerbstätige im Durchschnitt eine Verkürzung um 4,5 Stunden Arbeitszeit pro Woche bevorzugen würden.[144]

---

[142] Konkret schlug Friedman die Halbierung der Höhe des Existenzminimums von 600$ auf 300$ pro Jahr vor, Kern der Argumentation ist die Erhöhung des Arbeitsanreizes durch deutlich geringere staatliche Transfers.

[143] Einen Überblick über Autoren und Begründungen liefert Blaschke, Ronald: Weniger arbeiten! In: Blaschke, Ronald / Leibiger, Jürgen: Arbeitszeitverkürzung. Begründungen, Probleme, Lösungsansätze. Rosa-Luxemburg-Stiftung Sachsen: Texte zur politischen Bildung, Heft 32, Leipzig 2004, S. 20-34.

[144] Befragt wurden Ansässige der damaligen EU-15 und Norwegen von der Europäischen Stiftung zur Verbesserung der Lebens- und Arbeitsbedingungen. Die Befragten wurden darauf hingewiesen, auch an „das notwendige Geld verdienen" zu denken, ihr mögliches Verhalten bei zusätzlichen Transfers (wie es das Grundeinkommen wäre) wurde also nicht abgefragt, vielmehr wäre ein Lohnverzicht zu verbuchen. Andererseits kann nicht davon ausgegangen werden, dass alle der Befragten, die sich heute für Arbeitszeitverkürzung aussprechen, dies auch tatsächlich

Die zweite Voraussetzung für die Realisierung von Arbeitszeitverkürzung ist eine ausreichende finanzielle Absicherung der Arbeitskräfte:

> „Während offensichtlich ist, dass viele Vollzeitarbeitskräfte lieber in Teilzeit arbeiten würden, erhebt sich die Frage, ob sie sich dies auch leisten könnten. Auf die Frage, ob sie es sich leisten könnten, weniger zu arbeiten, antwortete nur ein Fünftel (18 %) der Befragten mit ja. Beinahe ein Drittel (32 %) gab an, dies würde finanzielle Einschränkungen bedeuten. Für die Mehrheit der Befragten (44 %) wäre eine Arbeitszeitverkürzung finanziell überhaupt nicht möglich."[145]

Mit einem Grundeinkommen könnten für unfreiwillig Vollzeiterwerbstätige und Selbstständige Arbeitszeitverkürzungen finanziell ermöglicht werden. Unfreiwillig Teilzeitbeschäftigte würden gleichzeitig in die Lage versetzt, nicht aus finanziellen Gründen um Vollzeitstellen konkurrieren zu müssen. Durch die staatliche Beeinflussung des Arbeitsmarktes in Form eines ausreichend hohen Grundeinkommens soll letztlich eine „Waffengleichheit" zwischen Arbeitgebern und Arbeitnehmern hergestellt werden, die es Letzteren tendenziell ermöglicht, gemäß den individuellen Arbeitszeitpräferenzen beschäftigt zu werden,[146] wobei die Entscheidung zur Teilhabe am Arbeitsmarkt nicht durch staatlichen oder ökonomischen Zwang hergestellt wird, sondern den Menschen selbst überlassen bleibt.[147] In diesem Sinne scheint es übrigens auch eher unverständlich, warum die Gewerkschaften bisher kein eigenes Grundeinkommensmodell vorgeschlagen haben. Der DGB-Bundesvorsitzende Michael Sommer bildet derzeit noch eine Ausnahme, wenn er feststellt:

---

morgen umsetzen würden, da es sich bei Meinungsforschungsergebnissen nicht um „harte Fakten" handelt. Dennoch lassen die Ergebnisse begründete Schlussfolgerungen auf die zu erwartende Tendenz zu. Die Umfrageergebnisse sind dokumentiert in: Bielinski, Harald, Bosch, Gerhard; und Wagner, Alexandra: Wie die Europäer arbeiten wollen. Erwerbs- und Arbeitszeitwünsche in 16 Ländern. Frankfurt 2002, zur Bewertung der Studie unter Grundeinkommensaspekten siehe: Blaschke, Ronald: Weniger arbeiten, a. a. O.

[145] Europäische Stiftung zur Verbesserung der Lebens- und Arbeitsbedingungen (Hrsg.): Vollzeit- oder Teilzeitbeschäftigung? Derzeitige Situation und Wünsche. Dublin o. J. S. 5 (www.eurofound.eu.int/publications/files/EF0021DE.pdf).

[146] Arbeitszeiten werden in der Regel durch kollektivrechtliche Regelungen festgelegt, diese können staatlich (z.B. durch Höchstarbeitszeitregelungen, Teilzeitgesetze u.a.), tariflich (durch branchenübergreifende oder branchenspezifische) sowie betrieblich geregelt nicht eingegangen wird hier auf die mögliche Ausdifferenzierung, ob der Ausbau von Arbeitszeitverkürzungsregelungen auf kollektivrechtlicher oder individueller Ebene (z.B. individuelle Einklagbarkeit) stattfinden soll, siehe hierzu Blaschke, Ronald: Weniger arbeiten, a. a. O., S. 44.

[147] Weiterhin lässt sich unterscheiden zwischen Tages-, Wochen-, Monats-, Jahres- und Lebensarbeitszeit, insbesondere die beiden letztgenannten können auch durch z.B. (Aus-)Bildungszeit und Renteneintrittsalter beeinflusst werden, vgl. ebd.

> „Aber die Beschäftigten müssen sich Arbeitszeitverkürzung auch leisten können. [...]Die Arbeitnehmer brauchen stärkere Anreize als bisher, in Teilzeit zu gehen oder auch einmal für zwei, drei Jahre eine Auszeit aus dem Berufsleben zu nehmen, um sich weiter zu bilden, um zu reisen, um neue Energie aufzutanken oder um sich stärker der gemeinsamen Kindererziehung zu widmen. [...] Wer eine Auszeit aus dem Berufsleben nehmen will, der sollte ein steuerfinanziertes einheitliches Grundeinkommen erhalten, damit er ausreichend abgesichert ist und sein Lebensmodell verwirklichen kann. [...] Denn die Beschäftigten sind eher bereit, weniger zu arbeiten, wenn sie ein Grundeinkommen erhalten.“[148]

Gegen eine staatliche Beeinflussung des Arbeitsmarktes spricht in der neoliberalen, insbesondere der marshallianisch-neoklassischen Theorie die Annahme, dass sich Arbeitskraftangebot und -nachfrage ohne staatliche Beeinflussung effizienter in ein Gleichgewicht fügen. Auch Friedman spricht sich in diesem Sinne eindeutig gegen Maßnahmen aus, die nicht als „marktkonform“ gelten.[149]
Modelle, die sich für Instrumente zur Arbeitszeitverkürzung aussprechen, werden daher als „nicht neoliberal“, solche die eine Arbeitszeitverkürzung nicht beinhalten, als „neoliberal“ bewertet.

3.1.1.2.2 Mindestlöhne

Bereits Rhys-Williams sah in ihrem Negativsteuerkonzept 1942/43 die Gefahr, dass ein Grundeinkommen dazu führen könne, dass ArbeitnehmerInnen bestehende Löhne unterbieten würden, da ihnen als Zuverdienst zum Grundeinkommen ein geringerer Stundenlohn ausreichen würde. In der aktuellen Grundeinkommensliteratur wird teilweise befürchtet, dass dieser Effekt bei einem zu niedrigen Einkommen, welches - generell oder auch nur während der Übergangsphase - nicht existenzsichernd ist, zu einer Abwärtsspirale der Löhne führen würde. Das Grundeinkommen würde dann in der Auswirkung eine Subvention der

[148] Sommer, Michael: "Pläne der Union werden Ärger geben", Interview, in: Die Welt vom 08.07.2002.

[149] Die neoklassische Gleichgewichtsargumentation richtet sich indes nicht prinzipiell gegen kürzere Arbeitszeiten, sofern diese ausschließlich nach Marktgesetzen zustande gekommen ist. Dabei wird allerdings unterstellt, dass die „Partner“ am Arbeitsmarkt auf Augenhöhe operieren. Zur Kritik an dieser Unterstellung siehe Kap. 1.3.1.3 dieser Arbeit.

Lohnkosten für Unternehmen bedeuten, wie sie auch in Kombilohn-Modellen diskutiert wird.[150] Sofern dieser Effekt nicht erwünscht ist, sind daher Mindestlöhne notwendig, um einen Lohnrutsch zu verhindern.[151]

Friedman ist wie die meisten Neoliberalen bezüglich einer Mindestlohngesetzgebung deutlich ablehnend eingestellt. Ähnlich wie er sich zur Deregulierung der Arbeitszeit mit dem neoklassischen Gleichgewichtsargument ausgesprochen hat, würde Regulierung von Löhnen eine „freie" Lohnbildung nach neoklassischem Ideal behindern. Sein Argument lautet, dass Mindestlöhne typische Niedriglohnarbeit unbezahlbar machten und daher diese Arbeitsplätze vernichtet würden, was wiederum mehr Menschen in Armut führen würde:

> „Die Gesetzgebung der Mindestlohnsätze ist so ungefähr das klarste Beispiel, das man für die Tatsache finden kann, dass eine Maßnahme genau die entgegengesetzte Wirkung dessen [hat], was die wohlmeinenden Leute im Sinn hatten, die sie ins Leben riefen. [...] Falls aber die Mindestlohnsätze überhaupt Sinn haben, so besteht sie in der Förderung der Armut."[152]

Mindestlöhne sind nach Friedman sowohl ohne wie auch mit einem Negativsteuermodell abzulehnen. Grundeinkommensmodelle, in denen Mindestlöhne nicht vorhanden sind, werden daher als „neoliberal" bewertet, solche mit Mindestlöhnen als „nicht neoliberal".

3.1.1.2.3 Auswirkungen auf das System der sozialen Sicherung

Der wichtigste Bereich staatlicher Sozialpolitik ist das System der Sozialen Sicherung.[153] Im engeren Sinne verstanden, gliedert es sich in die Sozialversicherungszweige Kranken- / Pflege-, Unfall-, Renten- und Arbeitslosenversicherung. Im weiteren Sinne zählen zum System der sozialen Sicherung die steuerfinanzierten Sozialtransfers wie Sozialhilfe, weitere

---

[150] Als Kombilohn werden relativ niedrige Transfers (kombiniert mit niedrigen Stundenlöhnen) bezeichnet. Beim Kombi-Lohn liegt keine Existenzsicherung vor, ohne diese ist ein Arbeitskraftanbieter aber faktisch zu Arbeit gezwungen.

[151] Wenn ein Grundeinkommen in voller existenz- und teilhabesichernder Höhe eingeführt ist, wird teilweise von einem „Mindestlohneffekt" des BGE ausgegangen, da mit diesem niedrig bezahlte unerwünschte Tätigkeiten nicht zwingend angenommen werden müssten.

[152] Friedman, Milton: Kapitalismus, a. a. O. S. 214.

[153] Vgl. Michalsky, Helga: Sozialversicherung/Soziale Sicherheit. In: Nohlen, Dieter (Hrsg.): a.a. O. S. 474-476.

Grundsicherungen und Sozialtransfers, etwa aus wohnungs-, bildungs- (BAföG) oder familienpolitischen (Kindergeld) Gründen.[154]
Der Ausgangspunkt der aktuellen Grundeinkommensmodelle ist die Zusammenlegung von Arbeitslosengeld und Sozialhilfe (Arbeitslosengeld II). Das jetzige ALG II wird in der Regel mit den steuerfinanzierten Sozialtransfers zum Grundeinkommen zusammengefasst. Bezüglich der sozialen Sicherung in diesem „weiteren" Sinne unterscheiden sich die Modelle eher im Detail.[155]
Dagegen bestehen deutlicher unterscheidbare Vorstellungen in Bezug auf die soziale Sicherung im „engeren" Sinne, also Kranken- und Pflegeversicherung, Rentenversicherung und Arbeitslosenversicherung (dem jetzigen Arbeitslosengeld I).[156] Diese sind derzeit von selbstverwalteten Versicherungsträgern organisiert und staatlich eng reguliert. Um das Beitragsaufkommen zu sichern, besteht überwiegend Versicherungspflicht für Personen und Organisationen. Die Beiträge werden, von einigen Ausnahmen abgesehen, paritätisch, also jeweils zur Hälfte von Unternehmen und Arbeitnehmern, getragen.
Im Sozialstaatsverständnis Friedmans werden Pflichtversicherungen als „staatlicher Zwang" abgelehnt, der Mindesttransfer durch die Negativsteuer allein soll als staatliche Leistung ausreichen.[157] Eine enge staatliche Regulierung des Sozialsystems wird abgelehnt. Nur in solchen Ausnahmefällen, in denen freier Wettbewerb unter den Anbietern nicht gegeben ist, dürfe der Staat begrenzt und „marktkonform" eingreifen. Die Negativsteuer soll ausdrücklich das gesamte sonstige Sozialsystem *ersetzen*, nicht ergänzen. Medizinische Versorgung beispielsweise sei deutlich effizienter privat zu organisieren.[158] Auch die Altersversorgung wäre

---

[154] Vgl. Lampert, Heinz / Althammer, Jörg: Sozialpolitik, a. a. O. S. 234-235.

[155] Kindergeld wird beispielsweise als „halbes Grundeinkommen" konzipiert.

[156] Die Gesetzliche Unfallversicherung wird in vielen Modellen nicht beachtet, ist aufgrund ihres Umfangs allerdings auch nicht entscheidend für die Bewertung und wird deswegen im Folgenden nicht mit aufgeführt.

[157] Versicherungen sollen so weit möglich privat geregelt sein. Hier ist darauf hinzuweisen, dass sich das Sozialsystem der USA u. a. dadurch vom bundesrepublikanischen unterscheidet, dass kein derart umfassendes Pflichtversicherungssystem in bismarckscher Prägung existiert (hat). Allerdings wurde die Einführung auch in sozialpolitischen Debatten der USA thematisiert. Friedman bezieht im Allgemeinen unmissverständlich Stellung *gegen* staatliche Pflichtversicherungen.

[158] In einem Leitartikel des Wall Street Journals schrieb Friedman 1991: „Die Ineffizienz, die hohen Kosten und die Ungerechtigkeit unseres medizinischen Systems können grundlegend nur auf eine Art und Weise behoben werden: nämlich, indem wir eine vollkommene Kehrtwendung vollführen, und zwar in Richtung der Reprivatisierung von medizinischer Versorgung [...] Jedem Einzelnen beziehungsweise jeder Familie wäre es selbstverständlich freigestellt, falls gewünscht, zusätzliche Versicherungen zu erwerben." Zit. n.: Reinhardt, Uwe E.: Vorwort zur Originalausgabe. In: Rice, Thomas: Stichwort: Gesundheitsökonomie : eine kritische Auseinandersetzung. Bonn 2004. S. 14-18. http://www.payer.de/arztpatient/gesundheitsoekonomie.htm#4.

(zusätzlich zur NES) effizienter privat gestaltet, zudem könne der demographische Faktor in Privatversicherungen nicht zum Problem werden.[159] Der Abbau von Pflichtversicherungen (und enger staatlicher Regulierung im Sinne Friedmans) zugunsten von privaten freiwilligen Versicherungen (ohne enge staatliche Regulierung) wird im Folgenden als „neoliberal" bewertet, die Beibehaltung oder der Ausbau als nicht neoliberal.

3.2 Auswahl und Analyse der Modelle

3.2.1 Begründung der Auswahl

Die Konkretisierung der Forderung nach einem Grundeinkommen ist bei den jeweiligen Befürwortern sehr unterschiedlich.[160] Prominente Einzelpersonen, etwa der Soziologe Ulrich Beck oder der Philosoph Bernhard Taureck[161] sprechen sich meist nicht ausdrücklich für eines der Modelle aus. Götz W. Werner, Gründer und geschäftsführender Gesellschafter der Kette „dm-drogerie markt", ist mit seinen pointierten und medienwirksamen Äußerungen für ein Grundeinkommen und gegen „Hartz IV" („Dieses manische Schauen auf Arbeit macht uns alle krank. Und was ist denn Hartz IV? Hartz IV ist offener Strafvollzug.")[162] seit 2005 einer der prominentesten Vertreter eines BGE in der Bundesrepublik.[163] Er legt sich bisher allerdings nicht auf verbindliche Zahlen fest.

[159] Im Interview mit der „Welt" zur Diskussion der Rentenfinanzierung in Industrieländern sagte Friedman: „Es wäre alles viel besser gewesen, wenn jeder für seine Altersversorgung gespart hätte. Warum haben private Versicherungsgesellschaften keine Schwierigkeiten? Sind sie nicht den gleichen demographischen Entwicklungen ausgesetzt? Der Unterschied ist, dass sie Geldmittel angesammelt haben und nicht auf einem Ein- und Auszahlungssystem basieren wie dem staatlichen." Friedman, Milton: "Alle sollten Margaret Thatcher und Ronald Reagan nacheifern", Interview, in: Die Welt vom 02.12.2005

[160] Vgl. zur Übersicht Blaschke, Ronald: Garantierte Mindesteinkommen, a. a. O. sowie Wilke, Martin: Finanzierungsmodelle, a. a. O.

[161] Taureck, Bernhard H.F.: Die Menschenwürde im Zeitalter ihrer Abschaffung. Eine Streitschrift, Hamburg 2006.

[162] Werner, Götz W.: Ein Grund für die Zukunft: das Grundeinkommen. Interviews und Reaktionen, 4. Aufl., Stuttgart 2006, Klappentext.

[163] Werner, Götz W: Einkommen für alle. Köln 2007. Weitere Texte finden sich unter Götz Werners Portal „Unternimm die Zukunft": http://www.unternimm-die-zukunft.de/

Die FDP wird aufgrund der Aufnahme des Bürgergeldmodells von Joachim Mitschke 1994 gerne in einem Atemzug mit aktuellen Grundeinkommensbefürwortern genannt. Allerdings distanzierten sich die Liberalen jüngst ausdrücklich selbst vom BGE ohne Gegenleistung, indem ihr Generalsekretär Dirk Niebel feststellte: „Was die Arbeitslosen brauchen, sind Anreize für mehr Leistung. Mehr Leistung schafft mehr Arbeitsplätze!“[164] Die Forderung eines BGE existiere bei den Liberalen nicht, denn: „Bedingungslose Grundeinkommen machen Chancen auf Arbeitsplätze für alle kaputt.“[165] Die bundesweite Arbeitsgruppe „Genug für alle“ von Attac Deutschland sieht das Grundeinkommen eher als „Richtungsforderung“ und stellt derzeit kein eigenes, detailliertes Modell zur Diskussion.[166] Attac Österreich hingegen bringt mittlerweile ein durchgerechnetes Konzept mit Finanzierungsbeispiel für Österreich in die Debatte ein. Dieses lässt sich natürlich nicht ohne weiteres mit bundesrepublikanischen Modellen vergleichen.[167]

Detaillierte Modelle wurden in der bundesrepublikanischen Parteienlandschaft im Sommer 2006 gleich mehrfach vorgestellt. So präsentierte der thüringische Ministerpräsident Dieter Althaus (CDU) sein „Bürgergeld“-Modell, die Grünen Thomas Poreski und Manuel Emmler eine „Grüne Grundsicherung“ und die Bundesarbeitsgemeinschaft in und bei der Linkspartei.PDS ein „Bedingungsloses Grundeinkommen“. Bisher ist keines der Modelle ins jeweilige Parteiprogramm aufgenommen worden, aufgrund der Konkretisierung stehen diese Modelle aber in der öffentlichen Debatte derzeit im Mittelpunkt, sobald detaillierte Zahlen gefragt sind. Aufgrund der Herkunft aus unterschiedlichen Parteien von „rechts“ bis „links“ bilden sie ein relativ breites politisches Spektrum ab. Es macht jedoch Sinn, neben den parteipolitischen Vorstellungen, die mehr oder weniger von Berufspolitikern entworfen wurden, außerparteiliche hinzuzuziehen, um ein größeres Meinungsspektrum abzudecken. Hier bietet sich mit dem Modell der „Bundesarbeitsgemeinschaft der Erwerbslosen- und der Sozialhilfeinitativen e.V. (BAG-SHI)“ ein Vorschlag an, der aus der direkten Nähe zur (oder konkreten Erfahrung von) Erwerbslosigkeit heraus entwickelt wurde und in seiner Formulierung zunächst nicht den Bedürfnissen möglicher Koalitionspartner oder anderer „realpolitischer“ Anforderungen unterworfen ist. Im Folgenden werden also insgesamt vier Modelle hinsichtlich ihrer möglicherweise neoliberalen Ausprägung analysiert und miteinander verglichen. Die wichtigsten Quellen für diese Modelle befinden sich auch im Anhang.

---

[164] Niebel, Dirk: Wer nicht sät, soll auch nicht ernten, in: FDP-Weblog, http://blog.fdp.de/ vom 26.04.2007.

[165] Niebel, Dirk: Ebd.

[166] Rätz, Werner; Paternoga, Dagmar; Steinbach, Werner: Grundeinkommen: bedingungslos. Hamburg 2005.

[167] Attac Österreich (Hrsg.): Ein hypothetisches Finanzierungsbeispiel für die Einführung eines Grundeinkommens, o.O., o.J.; http://www.archiv-grundeinkommen.de/attac-austria/attac-austria-ge-finanzierung.pdf

3.2.2 Analyse der Modelle

3.2.2.1 „Solidarisches Bürgergeld", Dieter Althaus, CDU, 2006

a) Allgemeines

Der ranghöchste Politiker unter den Grundeinkommensbefürwortern, die ein konkretes Modell veröffentlicht haben, ist Thüringens Ministerpräsident Dieter Althaus (CDU). Grundlage der nachfolgenden Analyse sind die auf seiner Homepage veröffentlichten Beiträge und Dokumente.[168] Zudem wurden zwei unterschiedliche Studien zu seinem Modell vom Hamburgischen Weltwirtschaftsinstitut (HWWI)[169] und von der Konrad-Adenauer-Stiftung (KAS), veröffentlicht.[170] Beide Studien bewerten das Modell abschließend positiv und wurden in der gesamten Tagespresse bis hin zur Bild-Zeitung („Neue Studie! [...] Es könnte die größte Reform aller Zeiten werden!")[171] - aufgenommen.

Als Ausgangspunkt werden u.a. die hohen Lohnzusatzkosten und die „Reglementierungen auf dem Arbeitsmarkt" genannt, welche eine Zunahme der Beschäftigung verhindern würden. Die Sockelarbeitslosigkeit werde regelmäßig höher, im Niedriglohnsektor könnten keine existenzsichernden Löhne mehr bezahlt werden, und der Arbeitsanreiz beim ALG II sei „sehr begrenzt".[172] Das zu 40% aus Steuern finanzierte Sozialversicherungssystem sei nicht zukunftsfähig, und angesichts eines Staatshaushalts mit 1,5 Billionen Euro Schulden solle keine Neuverschuldung aufgenommen werden.[173]

---

168 Althaus, Dieter: Thesen zum solidarischen Bürgergeld - http://www.d-althaus.de/fileadmin/PDF/ThesenSolidarischen_B_rgergeld.pdf; Althaus, Dieter: Das solidarische Bürgergeld – mit einem bedingungslosen Grundeinkommen die Soziale Marktwirtschaft sichern (PowerPoint-Präsentation) - http://www.d-althaus.de/fileadmin/PDF/BG-Pr_si2007kurz.pdf (sowie Anhang); Althaus, Dieter: Fragen und Antworten - http://www.d-althaus.de/fileadmin/PDF/FAQs_Internetseite_B_rgergeld2-07.pdf (sowie Anhang); diese und weitere Informationen finden sich zudem unter http://www.thueringen.de/de/buergergeld/

169 Hohenleitner, Ingrid und Straubhaar, Thomas: Bedingungsloses Grundeinkommen und Solidarisches Bürgergeld – mehr als sozialutopische Konzepte, Hamburg 2007, http://www.d-althaus.de/fileadmin/PDF/Grundeinkommen-Studie.pdf

170 Opielka, Michael / Strengmann-Kuhn, Wolfgang: Das solidarische Bürgergeld. Finanz- und sozialpolitische Analyse eines Reformkonzepts, Studie im Auftrag der Konrad-Adenauer-Stiftung. Unter Mitarbeit von Bruno Kaltenborn. Überarbeitete Fassung der gleichnamigen Studie vom Oktober 2006, in: Borchard, Michael (Hrsg.): Das Solidarische Bürgergeld. Analysen einer Reformidee, Stuttgart 2007, S. 13-141.

171 BILD-Artikel „Neue Studie! Bürgergeld für alle spart 46 Millionen Euro" vom 26.03.2007.

172 Vgl. Althaus, Dieter: Thesen, a. a. O.

173 Vgl. Althaus, Dieter: Fragen und Antworten, a. a. O.

Das solidarische Bürgergeld ist bisher nicht in das Programm der Bundes-CDU aufgenommen worden. Diese hat jedoch eine Kommission unter Vorsitz von Althaus damit beauftragt, ein Bürgergeld-Modell für die CDU zu entwickeln. Nicht unbedeutend für den weiteren Werdegang des Modells dürfte die Tatsache sein, dass Althaus auch stellvertretender Vorsitzender der Grundsatzprogrammkommission der Bundes-CDU ist. Die weitere Karriere des Modells innerhalb der CDU ist aber noch nicht abzusehen. Die innerparteilich prominenteste Kritik zum Althaus-Vorschlag äußerte bisher der ehemalige Bundesminister Norbert Blüm.[174]

b) Auswirkungen auf Armut

Das Althaus-Modell sieht eine Mindestzahlung in Höhe von 600 Euro netto pro Monat für jeden Bürger ohne Einkommen (bis zu einem Einkommen von 1.600 Euro brutto) vor („großes Bürgergeld"). Ab einem Bruttoeinkommen von 1600 Euro werden 200 Euro pro Monat gezahlt („kleines Bürgergeld").[175] Oberhalb der Einkommensgrenze von 1600 Euro werden 25% Einkommensteuer gezahlt, wer weniger verdient zahlt die doppelte Einkommensteuer von 50%. Die Höhe kommentierte der Ministerpräsident mit den Worten: „Es ist ja nicht so, dass die Höhe des Solidarischen Bürgergeldes, wie wir sie vorschlagen, besonders üppig ist. Der Anreiz, selbst etwas zu tun, ist da, und es besteht keine Angst vor genereller Beharrung."[176] Die Armutsgefährdungsgrenze liegt derzeit bei 856 Euro. Das kleine Bürgergeld liegt mit 600 Euro deutlich (genau 256 Euro) unterhalb der geltenden Armutsgrenze.[177] Das Kriterium „Auswirkung auf Armut" wird für das Althaus-Modell daher gemäß der Operationalisierung als „neoliberal" bewertet.

---

[174] Der ehemalige Bundesminister für Arbeit und Sozialordnung äußerte sich in der ZEIT gewohnt unverblümt: „Das Bürgergeld ist die Dampfwalze, die den Sozialstaat plattmacht. Das ´arbeitslose´ Grundeinkommen, welches Bürgergeld genannt wird, verstößt gegen alles, was wir über Gerechtigkeit und Solidarität gelernt haben." Blüm, Norbert: Wahnsinn mit Methode. Ein Grundeinkommen für alle ist ungerecht und bläht den Staat auf, in: DIE ZEIT, Nr. 17 vom 19.04.2007.

[175] Hier sind die tatsächlich verfügbaren Beträge angeben. Im Modell werden für das „große" auch 800 (und für das „kleine" 400) Euro Bürgergeld angegeben. Es wird aber ausdrücklich darauf hingewiesen, dass von diesem Geld 200 Euro für eine Gesundheits- und Pflegeprämie an eine Kasse eigener Wahl abgeführt werden. „Das tatsächlich verfügbare Bürgergeld beträgt also 600 Euro monatlich..." Althaus, Dieter: Thesen, a.a.O.

[176] Althaus, Dieter: 800 Euro für jeden? ntv-Interview vom 27. Februar 2007. http://www.n-tv.de/771117.html

[177] Die Höhe liegt auch unter dem Hartz-IV-Regelsatz (in Ostdeutschland derzeit bei etwa 675 Euro für Einzelpersonen inkl. Miete und Krankenkasse, die Höhe variiert abhängig von lokalen Mietpreisen). Als Orientierung dient dem Modell das Existenzminimum von 595 Euro (inkl. Warmmiete) nach dem sechsten Existenzminimumbericht der Bundesregierung für das Jahr 2008 (BT-DS 16/3265).

c) Auswirkungen auf Erwerbsarbeit

Arbeitszeitverkürzung zum Zweck der Arbeitsumverteilung wird im Althaus-Modell nicht als wichtiges Ziel betrachtet bzw. mit keinem Wort erwähnt.[178] Auch Mindestlöhne sind mit Althaus' Modell nicht intendiert. Vielmehr werde die Mindestlohn-Diskussion durch Einführung des Bürgergeldes überflüssig. (Von der Einführung des „Bürgergeldes" wird dagegen der Effekt eines angebotsökonomischen Kombilohn-Modells erwartet.)[179] Demnach liegt für das Kriterium „Auswirkungen auf Erwerbsarbeit" gemäß der Operationalisierung insgesamt eine „neoliberale" Ausprägung vor.

d) Auswirkungen auf das System der Sozialen Sicherung

Jeder Bürger muss eine Kranken- und Pflege-Pflichtversicherung von 200 Euro pro Monat bei einer Kasse eigener Wahl abschließen. Das Geld dafür wird von den insgesamt 800 €, die im Modell gezahlt werden sollen, sofort abgeführt.

> „Der Krankenkassentarif fällt für jeden Bürger – ob Kind oder Greis – in gleicher Höhe an. Es handelt sich dabei um eine Kranken- und Pflegepflichtversicherung, die frei bei jeder beliebigen Krankenkasse abgeschlossen werden kann. Der Grundtarif in Höhe von 200 Euro garantiert gesetzlich festgelegte Standards und muss von allen Kassen angeboten werden. Jedem steht es frei, zusätzliche Versicherungsleistungen zu kaufen."[180]

---

[178] Anderweitig spricht sich der Ministerpräsiden regelmäßig für Arbeitszeit*verlängerungen* aus, etwa im Tarifkonflikt im öffentlichen Dienst für eine Verlängerung der Arbeitszeit auf 42 Stunden und bezeichnete die Forderung nach 38,5 Stunden im Westen als „lächerlich", vgl. Artikel „Althaus für 42-Stunden-Woche", tagesschau.de vom 04.März 2006. Arbeitsumverteilung durch Arbeitszeitverkürzung sei in einer globalisierten Welt zudem grundsätzlich keine geeignete Strategie, vgl. "Erfurter Gespräch" vom 7.7.2003, Protokoll des Chats mit Althaus, Ramelow, Matschie, Most; http://www.mdr.de/erfurter-gespraech/807040.html.

[179] „Der potenzielle Beschäftigungseffekt des Konzepts rührt im Wesentlichen aus einem großzügig bemessenen Kombilohn. Erwerbseinkünfte im unteren Einkommensbereich sollen zur noch zu 50 Prozent auf den Grundsicherungsanspruch angerechnet werden. Das erzeugt positive Arbeitsanreize." Institut zur Zukunft der Arbeit (IZA) (Hrsg.): „Solidarisches Bürgergeld" - ein Irrweg. IZA-Pressemitteilung, Bonn 23. März 2007. In Bezug auf die aktuelle Mindestlohndebatte ist die Position eindeutig ablehnend: „Lohnpolitik ist Sache der Tarifpartner, eine staatliche Intervention muss ausbleiben. Ein staatlich definierter Mindestlohn würde vor allem in Ostdeutschland zum Abbau von weiteren sozialversicherungspflichtigen Arbeitsplätzen führen." Interview mit der SuperIllu vom 12.04.2007, zitiert nach CDU-Online-Archiv, http://www.cdu.de/archiv/2370_19511.htm.

[180] Althaus, Dieter: Gesundheits- und Pflegepflichtversicherung, Online-Artikel.

Diese Gesundheitsprämie entspricht einer „Kopfpauschale", mit der die Gesundheitskosten von den Lohnkosten abgekoppelt werden sollen.[181] Die Unternehmen werden so von den Lohnnebenkosten für die Gesundheit befreit. Es liegt also einerseits eine angebotsökonomische Absicht zugrunde, die jedoch andererseits bei weitem nicht so weitreichend ist wie Friedmans grundsätzliche Position gegen Versicherungspflicht.
Zu den 600 Euro Bürgergeld monatlich können maximal 600 Euro Nettorente, abhängig von Arbeitszeit und Lohn, hinzukommen. Für bereits erworbene Ansprüche gilt Bestandsschutz für die Übergangsphase. Der Anspruch „Alterslohn nach Lebensleistung" könne aber grundsätzlich nicht aufrechterhalten werden. Daher bleibt ein darüberhinausgehender Rentenbedarf der privaten Vorsorge überlassen. Die Regelung geht also einerseits tendenziell in Richtung „mehr Markt", es bleibt aber andererseits noch ein Rentenanspruch auf bis zu 600 Euro zusätzlich zum Bürgergeld.
Eine Arbeitslosenversicherung, wie sie mit dem ALG I existiert, wird es über das Bürgergeld hinaus nicht mehr geben. Damit ist eine – wenngleich vorübergehende – Lebensstandardsicherung von Erwerbstätigen, die im Falle eines Job-Verlustes beispielsweise von 2000 Euro direkt auf 600 Euro fallen, nicht gegeben.

e) Zwischenergebnis

Hinsichtlich des Sozialsystems erfolgen Einschnitte, die für die Arbeitslosenversicherung (ALG I) radikal neoliberal sind, für Kranken- und Pflege- sowie Rentenversicherung hingegen zwar zu „mehr Markt" tendieren, von Friedmans Radikalität aber noch weit entfernt sind, indem beispielsweise die Versicherungspflicht beibehalten wird.
Die niedrige Transferhöhe wird wie bei Friedman mit dem Arbeitsanreiz-Argument gerechtfertigt, die Auswirkung auf Armut ist in diesem Sinne neoliberal. Auch die Auswirkungen auf die Erwerbsarbeit, bezüglich derer fast identische Argumente gegen Mindestlöhne, aber auch gegen Arbeitszeitverkürzung verwendet werden, sind eindeutig neoliberal. Wird die friedmansche Radikalität in Teilen des Sozialsystems auch nicht erreicht, so ist sie bezüglich der

---

[181] Als Begründung für die Kopfpauschale, die auch von der CDU/CSU gefordert wird, wird neben höherer Effizienz vor allem die Entlastung der Unternehmen angeführt, wodurch eine höhere Arbeitskraftnachfrage erhofft wird. Eine aktuelle Expertise der Hans-Böckler-Stiftung kommt allerdings zu dem Fazit, dass weder die Effizienz der GKV noch die Arbeitskraftnachfrage notwendig oder hinreichend durch eine Kopfpauschale erhöht würden, statt dessen seien mit der Einführung viele Risiken verbunden, vgl. Rothgang, Heinz; Wasem, Jürgen; Greß, Stefan: Kopfprämienmodelle in der GKV. Lohnt sich ein Systemwechsel? Aktualisierte und erweiterte Expertise für die Hans-Böckler-Stiftung, Essen 2005.

Arbeitslosenversicherung sowie der Kriterien „Armut" und „Erwerbsarbeit" so eindeutig, dass das Althaus-Modell insgesamt betrachtet als neoliberal einzustufen ist.[182]

3.2.2.2 „Grüne Grundsicherung", Manuel Emmler/Thomas Poreski, 2006

a) Allgemeines

Der Vorschlag für die „Grüne Grundsicherung" von Manuel Emmler und Thomas Poreski ist ebenfalls noch kein von den Bündnisgrünen beschlossenes Konzept.[183] Das Thema „Grundeinkommen" wird innerhalb der Grünen bereits seit den 80er Jahren in unterschiedlicher Intensität diskutiert.[184] Das vorliegende Modell wurde im Juni 2006 vorgestellt, die zentralen Vorschläge sowie weitere Debattenbeiträge anderer Autoren finden sich auf ihrer Homepage,[185] zudem wurde ein Weblog zur öffentlichen Diskussion eingerichtet.[186] Derzeit gibt es eine interne Kontroverse um die Frage ob die Partei künftig eine *bedarfsorientierte Grundsicherung* oder ein *bedingungsloses Grundeinkommen* fordern will, eine Entscheidung soll beim Nürnberger Bundesparteitag im November 2007 fallen.[187]

b) Auswirkungen auf Armut

Ohne Antrag oder Bedürftigkeitsprüfung erhält in diesem Modell jeder Erwachsene 500 Euro Grundeinkommen monatlich. Darüber hinaus sollen für „besondere Bedarfe und Notlagen"

---

[182] Auch bei Einbeziehung weiterer Kriterien würde sich der Befund sehr wahrscheinlich nicht ändern. Bei Einbeziehung weiterer Haushaltskonstellationen wie Paaren mit Kindern würde sich zwar umgerechnet ein durchschnittlich etwas höherer Transferbetrag pro Person ergeben, bei der Betrachtung der gesamten Einkommensverteilung, in der die Erwerbsarbeit Geringverdienender wie bei Friedman deutlich höher besteuert wird als die Höherverdienender, wiederum eine deutliche Übereinstimmung mit dem friedmanschen Neoliberalismusverständnis.

[183] Zu den Autoren: Thomas Poreski ist Mitglied der „Kommission zur Zukunft der sozialen Sicherung", deren Einberufung im Februar 2007 vom Bundesvorstand beschlossen wurde. Manuel Emmler ist im wissenschaftlichen Beirat des Netzwerks Grundeinkommen.

[184] Einen Einblick in die aktuelle Debatte gibt auch folgender Reader: Bündnis 90/Die Grünen NRW (Hrsg.): Freiheit statt Vollbeschäftigung? Ein Reader zur Debatte um bedingungsloses Grundeinkommen und Grundsicherung, Düsseldorf o.J.; http://www.gruene-nrw.de/fileadmin/user_upload/Gruene_NRW/Arbeit-Soziales/reader_grundsicherung/Grundsicherung_72dpi.pdf

[185] Unter http://www.grundsicherung.org/ wird das Modell in folgenden Texten vorgestellt: Poreski, Thomas / Emmler, Manuel: Die Grüne Grundsicherung in Kürze „Version 1.2" (ergänzt), 02.11.2006 (siehe Anhang); sowie: Dies: „Die Grüne Grundsicherung". Ein Diskussionspapier für den Zukunftskongress von Bündnis 90/Die Grünen, Version 1.0, 7. Juni 2006.

[186] http://gruenes-bge.de/

[187] Vgl. Koch, Hannes: Visionen nach Hartz IV, in: taz Nr. 8223 vom 12.3.2007, Seite 2.

in Ausnahmefällen und nicht bedingungslos, sondern gegen Bedürftigkeitsprüfung und auf Antrag Leistungen gewährt werden.[188] Hierzu zählt ein Zuschuss zu den Wohnkosten, der nicht individuell bemessen, sondern an den Haushalt gekoppelt wird. Der durchschnittlich zu erwartende Wohnkostenzuschuss wird nicht quantifiziert, Alleinstehende werden voraussichtlich unterhalb der Armutsschwelle angesiedelt sein:[189]

> „Wir wollen die notwendige Investition in ‚Infrastruktur oder in Transferleistungen' bewusst nicht gegeneinander ausspielen. Beides ist existenziell, ebenso wie die Stärkung kleiner und mittlerer Einkommen. Deshalb liegt bei der Grünen Grundsicherung die Transferleistung auf dem Niveau des ‚soziokulturellen Existenzminimums', aber unterhalb der Armutsschwelle."[190]

Dabei werden die erhofften Arbeitsanreize aufgrund des hohen Lohnabstandes ausdrücklich hervorgehoben:

> „Alleinstehende erreichen nur durch bedarfsorientierte Zusatzpauschalen das Niveau der heutigen Sozialhilfe. Im Gegensatz zur heutigen Regelung im ALG II sind die Arbeitsanreize deutlich höher. ‚Leistung lohnt sich immer', da bei der Grünen Grundsicherung maximal 50% des Hinzuverdienten abgegeben werden muss (...). Der häufig als zu gering kritisierte ‚Lohnabstand' – zwischen Transfereinkommen und Erwerbseinkommen – ist größer als bei allen anderen Alternativen."[191]

Die Armutsgefährdungsgrenze liegt wie bereits erwähnt derzeit bei 856 Euro. Die Grüne Grundsicherung liegt mit einem Betrag von etwa 500 Euro für Alleinstehende deutlich (356 Euro) unterhalb der geltenden Armutsschwelle. Das Kriterium „Auswirkung auf Armut" wird für die „Grüne Grundsicherung" daher gemäß der Operationalisierung als neoliberal bewertet.

---

[188] Poreski, Thomas / Emmler, Manuel: Version 1.0, a. a. O. S. 10.

[189] Haushalte mit Kindern würden „sogar etwas oberhalb der des soziokulturellen Existenzminimums" liegen, vgl. Poreski, Thomas / Emmler, Manuel: Version 1.0, a. a. O. S. 11.

[190] Das Niveau wird aber nicht unbedingt erreicht.

[191] Poreski, Thomas / Emmler, Manuel: Version 1.0, a. a. O. S. 18. Die Autoren stützen sich in ihrer Argumentation offenbar auf die Annahme des „Armutsfallentheorems" (s.o.)

c) Auswirkungen auf Erwerbsarbeit

Im Rahmen der Grünen Grundsicherung wird die Einführung branchen- und regionalspezifischer Mindestlöhne durch die Tarifparteien sowohl vorab als auch nach Grundsicherungseinführung für erforderlich gehalten. Insbesondere Alleinstehende, Geringqualifizierte und Menschen in strukturschwachen Regionen sollen dadurch geschützt werden.[192] Auch *Arbeitszeitverkürzung* wird im Zusammenhang mit der Grundsicherung als notwendig betrachtet. Das Kriterium „Auswirkungen auf Erwerbsarbeit" wird daher gemäß der Operationalisierung als „nicht neoliberal" bewertet.

d) Auswirkungen auf das System der Sozialen Sicherung

Die Trennung von gesetzlichen und privaten Krankenkassen entfällt. Alle BürgerInnen sind über die Grundsicherung automatisch bei einer Krankenkasse versichert, deren Leistung der heutigen GKV entsprechen soll. Bereits erworbene Rentenansprüche bleiben bestehen, die Rente wird schrittweise in die Grundsicherung integriert, beginnt mit 500 Euro und steigt am Ende der Übergangsphase auf 700 Euro pro Monat. Weitere Rentenzuschläge werden diskutiert: „(...)denkbar ist auch ein Zuschlag pro Jahr erheblicher Beschäftigung – ab 1000 Euro brutto pro Monat z. B. 25 Euro, bis maximal 750 Euro."[193] Die bisherige Arbeitslosenversicherung entfällt, wodurch im Falle der Erwerbslosigkeit ein Bezieher eines Einkommens von beispielsweise 2000 Euro sofort auf 500 Euro (plus ggf. Wohngeld) fallen würde, was wie gewünscht zu einem hohen Lohnabstand führen würde. Denkbar ist für die Autoren eine freiwillige private Arbeitslosenversicherung.

e) Zwischenergebnis

Die Transferhöhe ist wegen des erhofften Arbeitsanreizes in friedmanscher Logik niedrig gehalten; die bisherige Arbeitslosenversicherung entfällt konsequenterweise auch. Dagegen wird das sonstige Sozialsystem, insbesondere die Kranken- und Pflege- sowie die Rentenversicherung, nicht nach friedmanschen Vorstellungen umgebaut. Ebenfalls nicht neoliberal ausgeprägt sind die Auswirkungen auf die Erwerbsarbeit, insofern sowohl Mindestlöhne als auch Arbeitszeitverkürzungen befürwortet werden. Die geprüften Kriterien der „Grünen Grundsicherung" sind trotz der niedrigen Transferhöhe und Streichung der Arbeitslosenversicherung mehrheitlich nicht neoliberal.[194]

---

[192] Vgl. Poreski, Thomas / Emmler, Manuel: „Version 1.2", a. a. O. S. 7.

[193] Poreski, Thomas / Emmler, Manuel: „Version 1.2", a. a. O. S. 3.

[194] Andere Haushaltskonstellationen wie Paare mit Kindern würden, wie in anderen Modellen auch, durchschnittlich höhere Einkommen erhalten.

3.2.2.3 „Bedingungsloses Grundeinkommen", BAG Linkspartei.PDS, 2006

a) Allgemeines

Die „Bundesarbeitsgemeinschaft (BAG) Grundeinkommen in und bei der Linkspartei.PDS" stellte im Juli 2006 ihr Modell vor.[195] Verfasst wurde es von Stefan Wolf, der Sprecher der BAG ist, prominenteste Vertreterin ist die stellvertretende Parteivorsitzende Katja Kipping.[196] Wie die Forderung in anderen Parteien auch, ist auch diese bisher nicht bis in das Parteiprogramm aufgenommen worden.[197] Als Ausgangspunkt wird ein gemeinsamer Nenner in den linken Debatten zum Grundeinkommen genannt, welcher eine Grundabsicherung für jeden Menschen beinhalte, die die Menschenwürde achte und repressions- und voraussetzungsfrei erfolgen soll.[198] Als Orientierung dient der BAG die Berechnungsweise der EU-Armutsrisikogrenze (bzw. Armutsgefährdungsgrenze), als Datengrundlage wird allerdings nicht das EU-Panel, sondern die „Einkommens- und Verbrauchsstatistik" gemäß dem "2. Nationalen Armuts- und Reichtumsbericht" der Bundesregierung verwendet, die für 2003 bei 938,- Euro liegt.[199]

b) Auswirkungen auf Armut

Das Modell der BAG sieht eine Höhe von 950 Euro pro Monat vor. Die Armutsgefährdungsgrenze auf Basis des EU-Panels liegt, wie bereits erwähnt, derzeit bei 856 Euro. Die Transferhöhe des Modells liegt 94 Euro über dieser Armutsgefährdungsgrenze und ist gemäß der Operationalisierung nicht neoliberal.

c) Auswirkungen auf Erwerbsarbeit

Das Modell spricht sich für Arbeitszeitverkürzung und Arbeitsumverteilung aus.
Es beinhaltet zudem die Forderung nach einem Mindestlohn, der mit 8,60 pro Stunde angegeben ist. Aufgrund dieser Ausprägungen ist es „nicht neoliberal" im Sinne Friedmans.

---

[195] Bundesarbeitsgemeinschaft Grundeinkommen in und bei der Linkspartei.PDS (Hrsg.): Einleitung zum Konzept für ein Bedingungsloses Grundeinkommen, Fassung vom 16. Juli 2006. http://www.die-linke-grundeinkommen.de/index.php?option=com_content&task=view&id=20&Itemid=9

[196] Zu Kipping siehe die Bundestags-Homepage http://www.bundestag.de/mdb/bio/K/kippika0.html

[197] Zur Mitgliederakzeptanz siehe Jahn, Jens Eberhard: Zur Akzeptanz von Grundsicherung und Grundeinkommen in der Mitgliedschaft der Linkspartei.PDS, in: UTOPIE kreativ, H. 195, Januar 2007, S. 41-46.

[198] Vgl. Bundesarbeitsgemeinschaft Grundeinkommen: Einleitung, a. a. O.

[199] Auf Datenbasis der „Einkommens- und Verbrauchsstichprobe" EVS für 2003, vgl. Bundesministerium für Gesundheit und Soziale Sicherung (Hrsg.): Lebenslagen in Deutschland. Der 2. Armuts- und Reichtumsbericht der Bundesregierung, Bericht, Berlin 2005, S. 6.

d) Auswirkungen auf das System der Sozialen Sicherung

Die Kranken-, Pflege-, und Unfallversicherung sollen zu einer „solidarischen Bürgerversicherung" umgebaut werden. Die Rente besteht aus dem Grundeinkommen als Basisrente zuzüglich einer „solidarischen Rentenzusatzversicherung".

Bezüglich der Arbeitslosenversicherung (ALG I) ist der Diskussionsstand noch nicht abgeschlossen. Angedacht ist derzeit eine freiwillige, aber nichtprivate Zusatzversicherung, die umlagefinanziert funktionieren solle, oder eine Pflichtversicherung. Dadurch soll bei Erwerbsarbeitsverlust der Lebensstandard, wenn ein Einkommen beispielsweise bei 2000 Euro liegt, vorübergehend abgefedert werden, bevor der Grundeinkommensbetrag erreicht wird.

e) Zwischenergebnis

Das Modell der BAG Linkspartei.PDS entspricht in keinem der Kriterien, weder in der Transferhöhe, den Auswirkungen auf den Arbeitsmarkt, noch bezüglich des Sozialsystems dem friedmanschen Neoliberalismusverständnis und ist daher insgesamt „nicht neoliberal".

3.2.2.4 „Existenzgeld", BAG-Sozialhilfeinitativen, 2006

a) Allgemeines

Die „Bundesarbeitsgemeinschaft der Erwerbslosen- und der Sozialhilfeinitativen e.V. (BAG-SHI)"versteht sich

> „...als Interessenvertretung von LeistungsbezieherInnen und Menschen mit geringen Einkommen. In der BAG-SHI haben sich Sozialhilfe- und Arbeitsloseninitiativen, Beratungsstellen und engagierte Menschen aus dem ganzen Bundesgebiet zusammengeschlossen."[200]

Aufgrund der Kritik am Statistikmodell zur Transferhöhenfestlegung, aber auch kritisch gegenüber dem (vor der Einführung des Statistik-Modells) geltenden Warenkorb-Modell, bei dessen Bestimmung Betroffene ausgeschlossen waren, wurde das Konzept des „Existenzgeldes" entworfen. Ein eigener Warenkorb, der in zahlreichen Seminaren, Workshops und Arbeitsgruppen mit Betroffenen gemeinsam ermittelt wurde, gilt als Richtschnur.[201] Das Modell der BAG-SHI fordert darauf basierend ein Grundeinkommen, dass mit 690 Euro zuzüglich durchschnittlich 260 Euro Wohngeld (abhängig von lokalen Gegebenheiten), also 950 Euro

---

[200] BAG-SHI: Selbstdarstellung. http://www.bag-shi.de/wir/selbstdarstellung

[201] Vgl. Garms, Hinrich: Das Konzept der BAG-SHI zum Existenzgeld, eine Form des bedingungslosen Grundeinkommens, Newsletter Nr.9 des Netzwerks Grundeinkommen, November 2006, S. 1. (siehe Anhang)

durchschnittlich, angeben wird.[202] (Derzeit befindet sich eine Erhöhung von 690 auf 800 Euro zzgl. Wohngeld in der Diskussion.) Ein Großteil des Geldes soll durch eine „Take-Half"-Abgabe in Höhe von 50% auf alle Nettoeinkommen inkl. Unternehmertätigkeit und Vermögenseinkommen erzielt werden.

b) Auswirkungen auf Armut

Die Transferhöhe wird mit durchschnittlich 950 Euro pro Monat angegeben. Die EU-Armutsgefährdungsgrenze liegt bei 856 Euro. Das Existenzgeld liegt demnach 94 Euro oberhalb der Armutsschwelle und ist gemäß der Operationalisierung „nicht neoliberal".

c) Auswirkungen auf Erwerbsarbeit

Eine „radikale Arbeitszeitverkürzung" zur Arbeitsumverteilung soll durch die Einführung des „Existenzgeldes" ausdrücklich möglich werden. Mindestlöhne sind „konstituierend" für das Modell. Dieses Kriterium ist folglich insgesamt als „nicht neoliberal" zu bewerten.

d) Auswirkungen auf das System der Sozialen Sicherung

Mit Ausnahme der Krankenkasse (110Euro wird zusätzlich pro Monat für eine garantierte Krankenversicherung ausbezahlt) bleibt das Sozialsystem unverändert und ist insgesamt als „nicht neoliberal" vor dem Hintergrund der Operationalisierung zu bewerten.

e) Zwischenergebnis

Aufgrund der einzeln geprüften Auswirkungen auf Armut, Mindestlöhne, Arbeitsverkürzung und Soziale Sicherung ist das Existenzgeld-Modell der BAG-SHI eindeutig „nicht neoliberal".

---

[202] Ebd., erstmals wurde das Existenzgeld 1998 beschlossen, die ausführlichen Grundpositionen des Konzepts finden sich in: BAG der Sozialhilfeinitativen (Hrsg.): Existenzgeld für alle. Antworten auf die Krise des Sozialen, mit einem Beitrag von Herwig Büchele und einem Konzeptvergleich von Hinrich Garms, Neu-Ulm 2000. Weitere Texte zum Existenzgeld der BAG-SHI finden sich unter http://www.existenzgeld.de/

3.2.3 Systematische Darstellung des Ergebnisses

Schaubild 2: Systematische Darstellung des Ergebnisses

Auswirkung auf...	„Bürgergeld" Althaus	„Grundsicherung" Emmler/Poreski	„Grundeinkommen" L.PDS	„Existenzgeld" BAG-SHI
Armut	„neoliberal"	„neoliberal"	„nicht neol."	„nicht neol."
Erwerbsarbeit	„neoliberal"	„nicht neol."	„nicht neol."	„nicht neol."
Sozialsystem	„nicht neol."	„nicht neol."	„nicht neol."	„nicht neol."

3.2.4 Vergleichende Bewertung des Ergebnisses

Das Modell „Solidarisches Bürgergeld" entspricht bezüglich des Umbaus des Sozialsystems nicht vollständig den radikalen Vorstellungen eines Milton Friedman, schafft aber die jetzige Arbeitslosenversicherung ab und nimmt zudem eine tendenziell angebotsökonomische Umstrukturierung vor. Bezüglich Mindestlöhnen und Arbeitszeitverkürzung sowie bezüglich der Transferhöhe unterhalb der Armutsgefährdungsgrenze zwecks Arbeitsanreizes hingegen zeigt sich deutlich die neoliberale Prägung, so dass insgesamt von einer neoliberalen Forderung zu sprechen ist. Das Modell der „Grünen Grundsicherung" weist mit 500 Euro die mit Abstand niedrigste Transferhöhe auf und wird genau wie im CDU-Modell von Althaus ausdrücklich mit der „Lohnabstands-Logik" und Arbeitsanreiz begründet. Alle anderen Kriterien der „Grünen Grundsicherung", sowohl die Vorstellungen zu Arbeitszeitverkürzung und Mindestlöhnen als auch die Gestaltung des Sozialsystems, widersprechen allerdings erheblich dem Neoliberalismusverständnis Friedmans, so dass insgesamt kein neoliberales Konzept vorliegt.
Gegenüber diesen Modellen mit Transferhöhen unterhalb der Armutsgrenze sind die beiden Modelle der BAG Linkspartei.PDS und der BAG-SHI mit genau 950 Euro bzw. mit durchschnittlich 950 Euro eindeutig oberhalb der Armutsschwelle von 856 Euro angesetzt, wobei recht unterschiedliche Methoden zur Festlegung der Höhe geführt haben. Mit einander ähnlicheren Argumenten wiederum werden Instrumente zur Arbeitszeitverkürzung gefordert sowie Arbeitsumverteilung und Mindestlöhne begründet. Die Modelle der BAG-Linkspartei.PDS und der BAG-Sozialhilfeinitativen sind eindeutig nicht neoliberal. Innerhalb der BAG-SHI wird derzeit über eine Erhöhung auf insgesamt über 1000 Euro durchschnittlich

pro Monat diskutiert, damit läge das Einkommen eines Beziehers mehr als doppelt so hoch wie die niedrigste Transferhöhe der „Grünen Grundsicherung“.

Ein detaillierter Vergleich der Finanzierungskonzepte wurde nicht durchgeführt, es sei aber darauf hingewiesen, dass die Finanzierbarkeit *theoretisch* in allen Modellen erwartet wird.[203]

Die entscheidende Hürde, sowohl für das neoliberale wie auch die anderen Modelle, stellt ihre praktische Umsetzung dar, die unabhängig von der Ausprägung des Finanzierungskonzepts eines Paradigmenwechsels bedarf.

[203] Zu dieser Einschätzung kommt u. a. auch der aktuelle Vergleich von Wilke, Martin: Finanzierungsmodelle, a.a.O.

4 Fazit und Ausblick

Die Frage, ob es sich beim bedingungslosen Grundeinkommen um eine neoliberale Forderung handelt oder ob dies nur für einzelne Modelle gilt, ist differenziert zu beantworten. Zunächst wurde gezeigt, dass bereits 1942 in England ein detailliertes, egalitär-rousseauistisches Negativsteuer-Modell existierte und auch öffentlich diskutiert wurde. Die Variante Milton Friedmans, in der zwanzig Jahre später das egalitäre Vorgängermodell von den Füßen auf den Kopf gestellt und alle nicht-neoliberalen Merkmale gleichsam mit dem Rasiermesser abgetrennt wurden, verursachte allerdings einen derartigen Wirbel, dass es bis heute mit seinem Namen und damit auch mit seinem Verständnis von Neoliberalismus in Verbindung gebracht wird. Dieser Bedeutungswandel macht beispielhaft deutlich, dass sich in der Grundeinkommensdebatte hinter ähnlichen Begriffen völlig unterschiedliche Inhalte und Absichten verbergen können.

Dies gilt auch für die aktuelle Debatte um das „bedingungslose Grundeinkommen" in der Bundesrepublik: Die Ausprägung der Kriterien in den hier überprüften Modellen, die ja in der Regel in einem Atemzug genannt werden, fällt sehr heterogen aus. Im Ergebnis ist *eines* der vier Modelle im friedmanschen Verständnis als „neoliberal" zu bewerten: Das „solidarische Bürgergeld" von Dieter Althaus. Es entspricht zwar im Sozialsystem nicht vollständig den Vorstellungen des Chicagoer Ökonomen. Dennoch liegt auch hier bereits die Tendenz zur angebotsökonomischen Umstrukturierung vor, die Abschaffung der bisherigen Arbeitslosenversicherung ist sogar eindeutig neoliberal. Alle anderen Kriterien, wie die deutliche Unterschreitung der Armutsgefährdungsgrenze zwecks höherem Arbeitsanreizes, die ablehnende Haltung gegenüber Arbeitszeitverkürzung oder die Position, Mindestlöhne würden weitere Armut hervorbringen anstatt sie abzuschaffen, entsprechen ebenfalls im Kern dem Neoliberalismusverständnis Friedmans. Insgesamt unterscheidet sich das Althaus-Modell klar von den anderen drei hier geprüften Modellen.

Zwar wird auch im Modell der „Grünen Grundsicherung" die deutliche Unterschreitung der Armutsschwelle ausdrücklich mit der Annahme eines höheren Arbeitsanreizes gerechtfertigt. Alle anderen Kriterien widersprechen aber eindeutig neoliberalen Argumentationen, so dass das Modell im Ergebnis nicht mit dem der CDU verglichen und aufgrund der hier überprüften Kriterien insgesamt nicht als neoliberal bezeichnet werden kann. Die Modelle sowohl der BAG-SHI als auch der BAG Linkspartei.PDS entsprechen in keinem der geprüften Kriterien dem Neoliberalismusverständnis Friedmans; sie sind demnach eindeutig nicht neoliberal.

Die - in friedmanscher Logik - deutlich niedrigere Grundeinkommenshöhe ist in abschließender Betrachtung nicht der einzige, aber der hervorstechendste Unterschied zwischen den Modellen. Aufgrund der bewussten Unterschreitung der Armutsgefährdungsgrenze in insgesamt zwei von vier Modellen wird hier noch einmal resümierend auf die Argumente für und gegen relativ niedrige Transferhöhen eingegangen. Es kann als Ausdruck einer pluralistischen Gesellschaft durchaus positiv aufgenommen werden, dass sich die hier überprüften Modelle hinsichtlich der Transferhöhe deutlich unterscheiden. Bei aller Pluralität über sozialpolitische Vorstellungen sollte aber natürlich ein Mindestmaß an Würde gewährleistet sein. In Bezug auf die Würde aller Menschen[204] ist es zunächst auch zu begrüßen, dass alle Modelle die Abschaffung der bisherigen staatlichen Kontrolle und Drangsalierung fordern. Weniger zielführend scheint es hingegen zu sein, dass zwar die sozialstaatlichen Sanktionsinstrumente abgeschafft werden, an ihre Stelle aber in den Modellen, die bewusst die Armutsschwelle deutlich unterschreiten, nun ein *ökonomischer* Zwang zur Arbeit tritt.[205]

In diesem Sinne ist es fraglich, ob Modelle als „bedingungsloses" Grundeinkommen bezeichnet werden sollten, wenn das Kriterium „Bedingungslosigkeit" durch den faktischen Zwang zur Arbeit *ad absurdum* geführt wird. Mit einem Einkommen von 500 oder 600 Euro pro Monat kann kein Mensch in diesem Land über das zum Leben allernotwendigste hinaus an der Gesellschaft teilhaben, mit dieser bewussten Unterschreitung der Armutsgrenze wird meines Erachtens auch kein Mensch „bedingungslos" als Mensch betrachtet.

Darüber hinaus ist der erhoffte Effekt, mittels „Lohnabstandslogik" die Armut zu verhindern, für die meisten der potentiell „Arbeitsangereizten" aufgrund der empirischen Erkenntnisse der Armutsforschung überhaupt nicht zu erwarten.[206] Was spricht dann noch für eine *niedrige* Transferhöhe? Statt dieser sollte die Grundeinkommenshöhe in einem adäquaten Verhältnis sowohl zum Bedarf der Bezieher, als auch zum Lebensstandard und dem Reichtum einer Gesellschaft stehen. Das Modell der BAG-SHI orientiert sich derzeit am Bedarf Erwerbsloser, das der BAG Linkspartei.PDS am relativen Armutsrisiko in Bezug auf die Gesellschaft. Beide kommen auf einen Bedarf von genau bzw. durchschnittlich 950 Euro. Diese Höhe scheint durchaus sinnvoll, muss aber keineswegs zwingend den Vorstellungen der Gesamtgesellschaft und deren Ausdifferenzierung in unterschiedlichste Milieus entsprechen. Als Grundorientierung könnte vielleicht die (auch in dieser Arbeit verwendete) EU-

[204] Vgl. zum Würdebegriff und zum Unterschied zwischen der Würde *des* Menschen und der Würde *aller* Menschen: Taureck, Bernhard H.F.: Menschenwürde, a. a. O.

[205] Vgl. zu Zwängen und Pflichten in diesem Zusammenhang: Blaschke, Ronald: Arbeitszwang/Arbeitsverpflichtung, a. a. O.

[206] Vgl. Kapitel 1.3.1.3 c) dieser Arbeit.

Armutsgefährdungsgrenze in Höhe von derzeit 856 Euro dienen.[207] Ausgehend von dieser könnten in der weiteren Debatte Modelle, welche diese Höhe aufgrund neoliberal-friedmanscher „Arbeitsanreizlogik" bewusst unterschreiten, adäquater als „Arbeitsanreiz-Einkommen" bezeichnet werden, diejenigen oberhalb der Armutsgefährdungsgrenze tatsächlich als „bedingungsloses" Grundeinkommen.[208]

Abschließend wird noch auf die Aussichten für die realpolitische Umsetzung eines bedingungslosen Grundeinkommen eingegangen. Die Einführung eines Grundeinkommens ist heute sicher weit weniger utopisch, als sie es noch vor fünf Jahren gewesen wäre. Mittlerweile wird in den meisten Parteien, in den relevanten sozialen Bewegungen sowie in der medialen Öffentlichkeit das Thema diskutiert, zudem nehmen internationale Vernetzungen zu und auch eine globale Debatte nimmt spürbar Gestalt an: Die Diskussion befindet sich heute auf einem bisher einmaligen Höhepunkt. Gleichwohl ist der erreichte Stand der Debatte anderswo wie hierzulande nicht ausreichend, um den Paradigmenwechsel herbeizuführen, aufgrund dessen erst ein Politikwechsel in Richtung Grundeinkommen erfolgen kann. Nach erfolgtem Politikwechsel stellen sich freilich weitere spannende Fragen mit neuer Dringlichkeit; etwa wie wir unter den dann herrschenden Bedingungen noch zu wirtschaften bereit sind und wie es möglich wird, diese neuen Formen von Teilhabe allen Menschen auf dem Globus zu ermöglichen. Bis es so weit sein wird, hat ein Klassiker der Grundeinkommensliteratur, der Philosoph Bertrand Russell, das letzte Wort:

> „Mit den modernen Produktionsmethoden ist die Möglichkeit gegeben, dass alle Menschen behaglich und sicher leben können; wir haben es stattdessen vorgezogen, dass sich manche überanstrengen und die anderen verhungern. Bisher sind wir noch immer so energiegeladen arbeitsam wie zur Zeit, da es noch keine Maschinen gab; das war sehr töricht von uns, aber sollten wir nicht auch irgendwann einmal gescheit werden?"[209]

---

[207] Siehe hierzu auch die Argumentation von Blaschke, der derzeit eine Grundeinkommenshöhe von 850 bis 1000 für sinnvoll erachtet: Blaschke, Ronald: Grundeinkommen zwischen Mindest- und Lebensstandardsicherung, a. a. O.

[208] Die Betrachtung der Höhe allein ist selbstverständlich nicht ausreichend, sondern muss im Zusammenhang mit den weiteren Rahmenbedingungen wie z.B. Arbeitszeit und soziale Sicherung, wie dies auch in dieser Arbeit erfolgt ist, betrachtet werden.

[209] Russell, Bertrand: Lob des Müßiggangs, in: Ders.: Lob des Müßigangs. Aus dem Englischen von Elisabeth Fischer-Wernecke, 2. Aufl. 2003, S. 31. (engl. Original: *In praise of Idleness*, London 1935).

Anhang

Anhang 1: Althaus, Dieter: Das Solidarische Bürgergeld

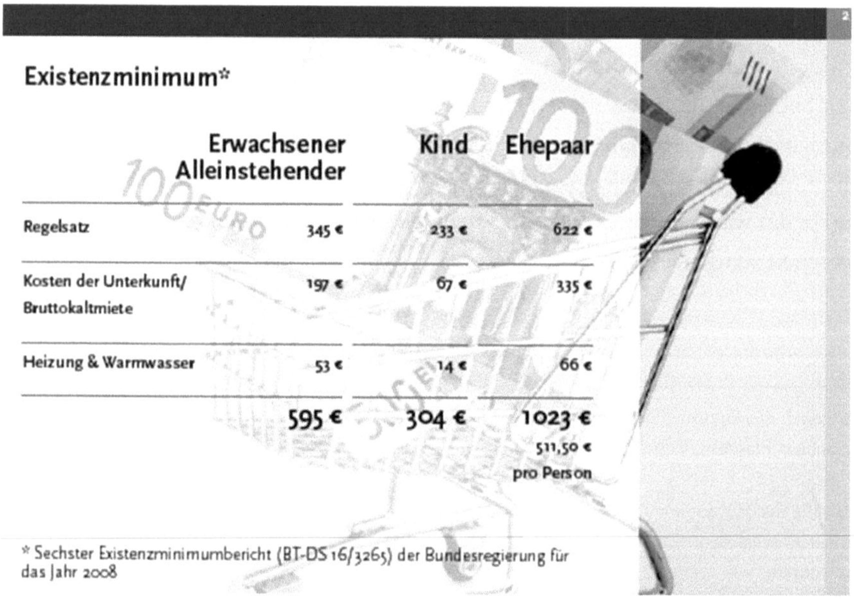
2

Existenzminimum*

	Erwachsener Alleinstehender	Kind	Ehepaar
Regelsatz	345 €	233 €	622 €
Kosten der Unterkunft/ Bruttokaltmiete	197 €	67 €	335 €
Heizung & Warmwasser	53 €	14 €	66 €
	595 €	304 €	1023 € 511,50 € pro Person

* Sechster Existenzminimumbericht (BT-DS 16/3265) der Bundesregierung für das Jahr 2008

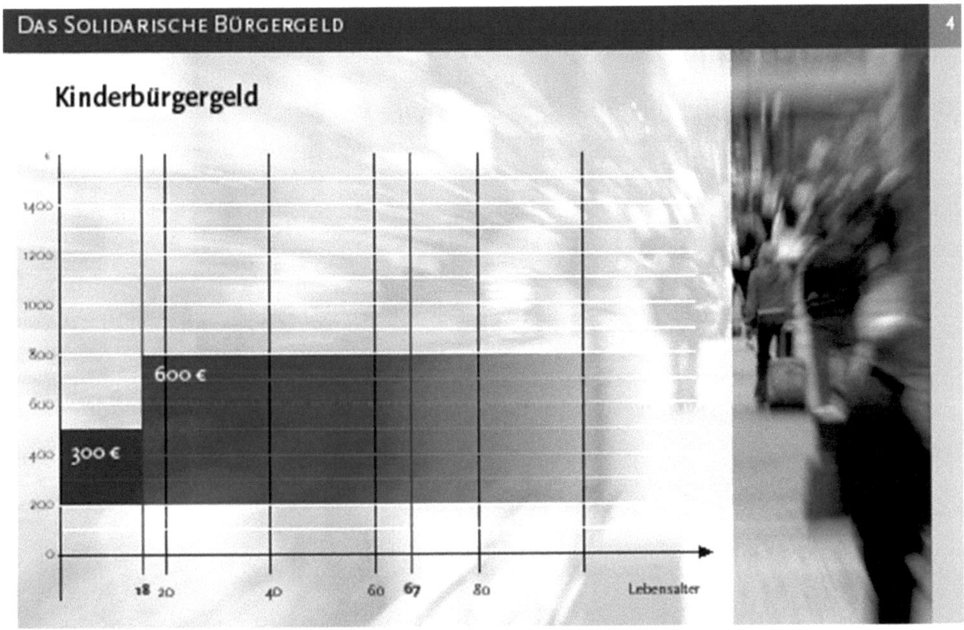

Das Solidarische Bürgergeld
4
Kinderbürgergeld
1400
1200
1000
800
600
400
200
0
600 €
300 €
18
20
40
60
67
80
Lebensalter

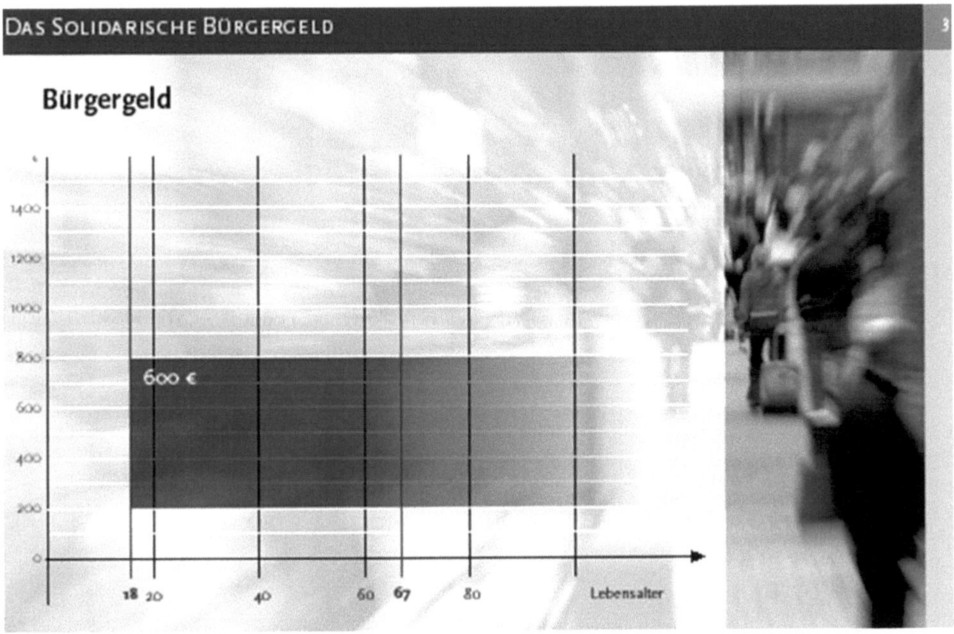

Das Solidarische Bürgergeld
Bürgergeld
1400
1200
1000
800
600
400
200
0
600 €
18
20
40
60
67
80
Lebensalter

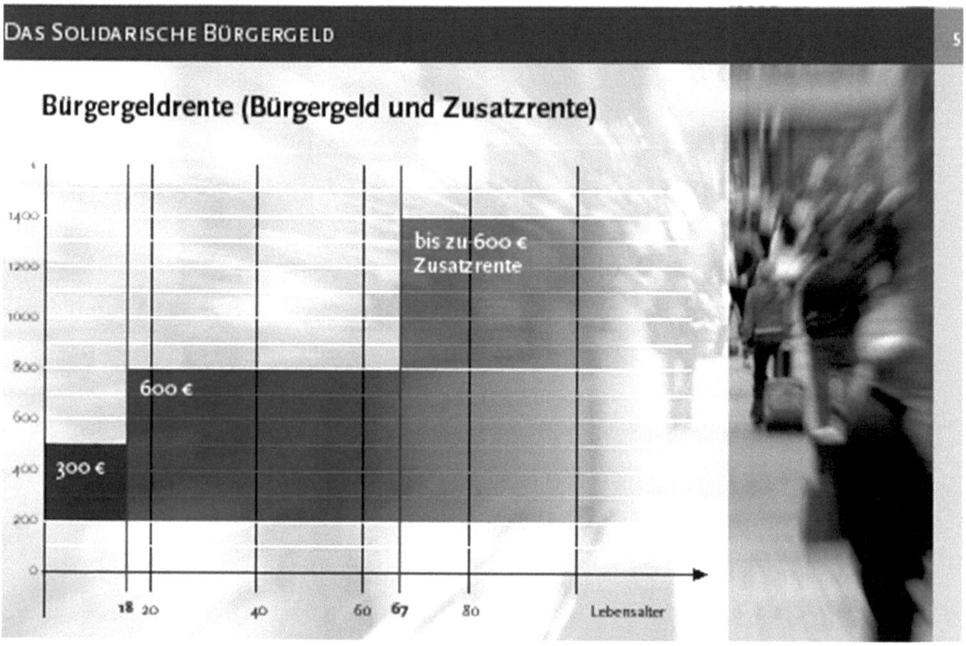
DAS SOLIDARISCHE BÜRGERGELD
5
Bürgergeldrente (Bürgergeld und Zusatzrente)
1400
1200
1000
800
600
400
200
0
bis zu 600 €
Zusatzrente
600 €
300 €
18
20
40
60
67
80
Lebensalter

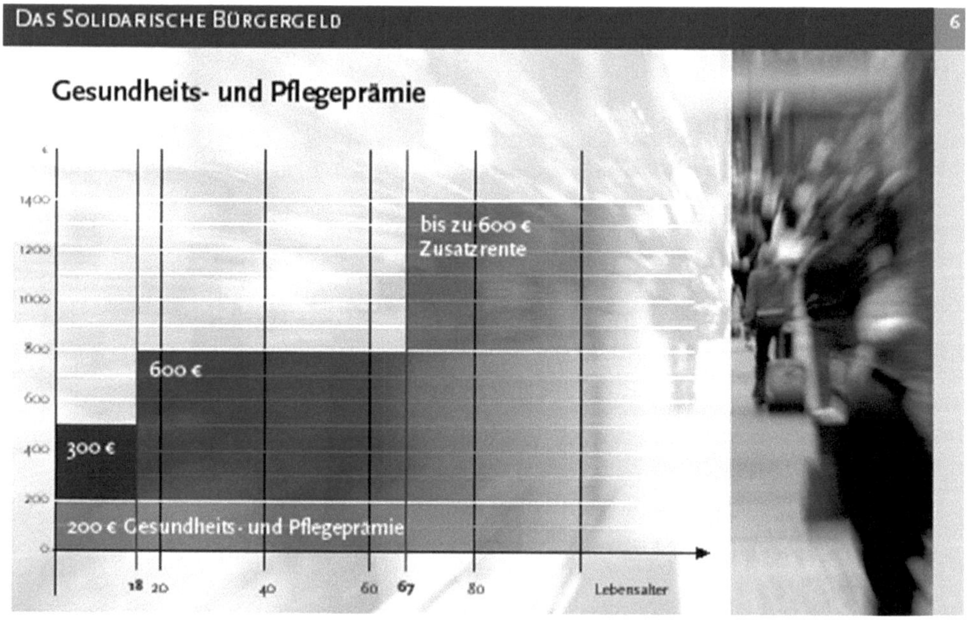
DAS SOLIDARISCHE BÜRGERGELD
6
Gesundheits- und Pflegeprämie
1400
1200
1000
800
600
400
200
0
bis zu 600 €
Zusatzrente
600 €
300 €
200 € Gesundheits- und Pflegeprämie
18
20
40
60
67
80
Lebensalter

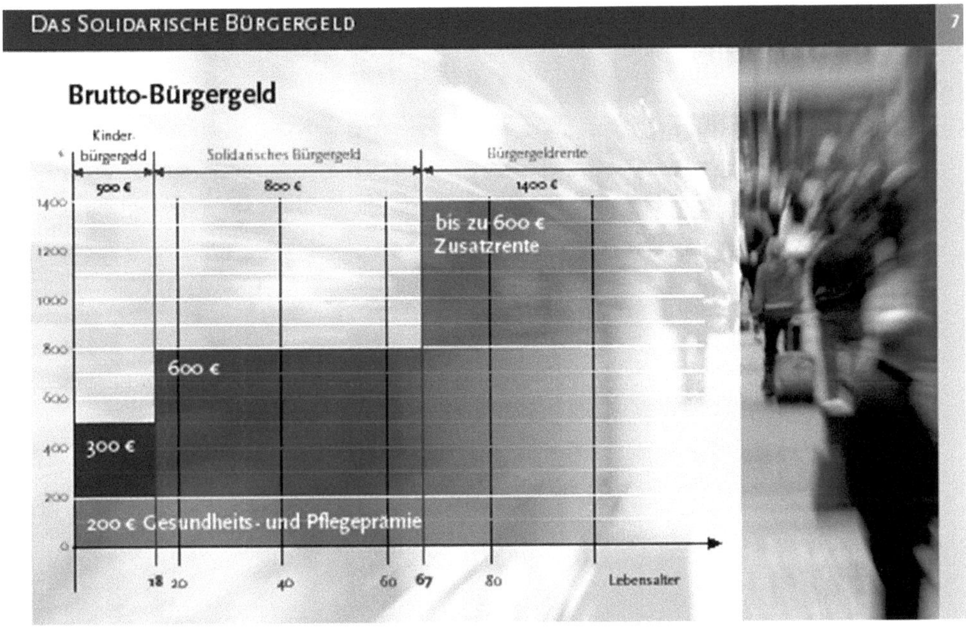
DAS SOLIDARISCHE BÜRGERGELD
7
Brutto-Bürgergeld
Kinder-
bürgergeld
Solidarisches Bürgergeld
Bürgergeldrente
500 €
800 €
1400 €
1400
1200
1000
800
600
400
200
0
bis zu 600 €
Zusatzrente
600 €
300 €
200 € Gesundheits- und Pflegeprämie
18
20
40
60
67
80
Lebensalter

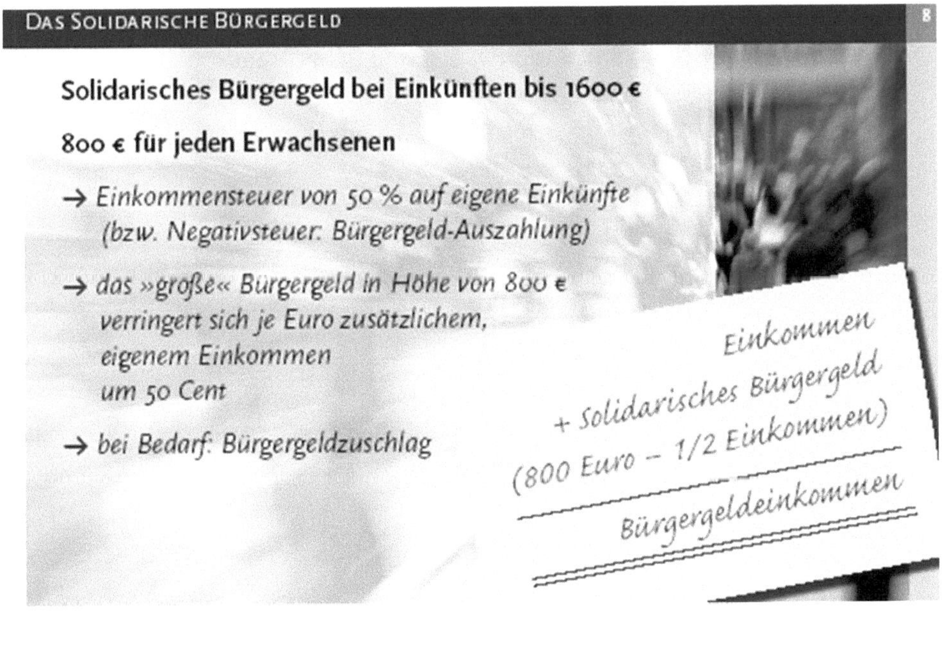
DAS SOLIDARISCHE BÜRGERGELD
8
Solidarisches Bürgergeld bei Einkünften bis 1600 €
800 € für jeden Erwachsenen
→ Einkommensteuer von 50 % auf eigene Einkünfte
(bzw. Negativsteuer: Bürgergeld-Auszahlung)
→ das »große« Bürgergeld in Höhe von 800 €
verringert sich je Euro zusätzlichem,
eigenem Einkommen
um 50 Cent
→ bei Bedarf: Bürgergeldzuschlag
Einkommen
+ Solidarisches Bürgergeld
(800 Euro – 1/2 Einkommen)
Bürgergeldeinkommen

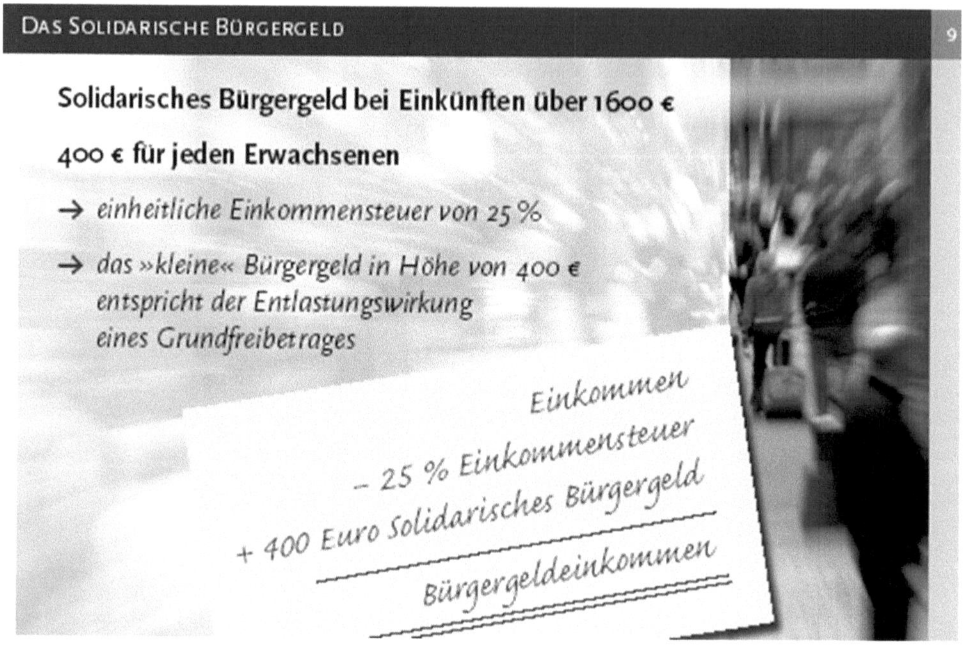
DAS SOLIDARISCHE BÜRGERGELD
9
Solidarisches Bürgergeld bei Einkünften über 1600 €
400 € für jeden Erwachsenen
→ einheitliche Einkommensteuer von 25 %
→ das »kleine« Bürgergeld in Höhe von 400 € entspricht der Entlastungswirkung eines Grundfreibetrages
Einkommen
– 25 % Einkommensteuer
+ 400 Euro Solidarisches Bürgergeld
Bürgergeldeinkommen

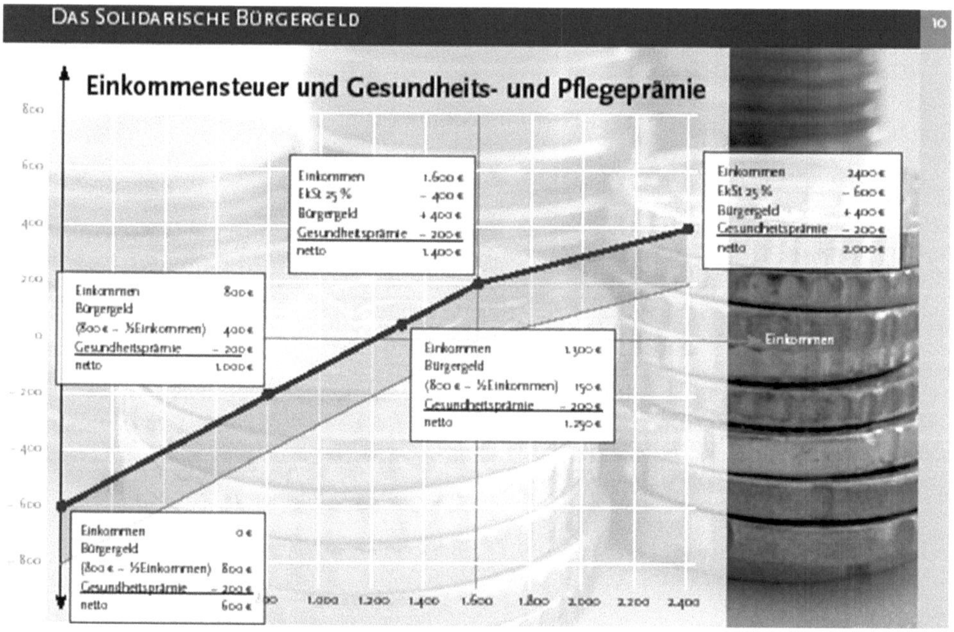
DAS SOLIDARISCHE BÜRGERGELD
10
Einkommensteuer und Gesundheits- und Pflegeprämie
Einkommen 1.600 € EkSt 25 % – 400 € Bürgergeld + 400 € Gesundheitsprämie – 200 € netto 1.400 €
Einkommen 2400 € EkSt 25 % – 600 € Bürgergeld + 400 € Gesundheitsprämie – 200 € netto 2.000 €
Einkommen 800 € Bürgergeld (800 € – ½Einkommen) 400 € Gesundheitsprämie – 200 € netto 1.000 €
Einkommen 1.300 € Bürgergeld (800 € – ½Einkommen) 150 € Gesundheitsprämie – 200 € netto 1.250 €
Einkommen 0 € Bürgergeld (800 € – ½Einkommen) 800 € Gesundheitsprämie – 200 € netto 600 €
Einkommen
1.000 1.200 1.400 1.600 1.800 2.000 2.200 2.400

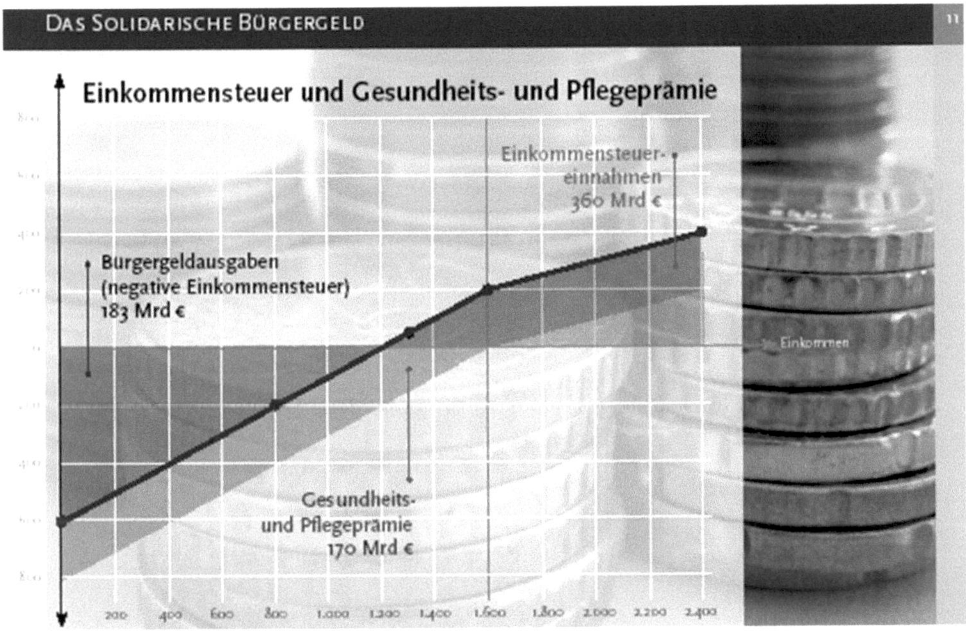
DAS SOLIDARISCHE BÜRGERGELD
11
Einkommensteuer und Gesundheits- und Pflegeprämie
Einkommensteuer-
einnahmen
360 Mrd €
Bürgergeldausgaben
(negative Einkommensteuer)
183 Mrd €
Einkommen
Gesundheits-
und Pflegeprämie
170 Mrd €
200
400
600
800
1.000
1.200
1.400
1.600
1.800
2.000
2.200
2.400

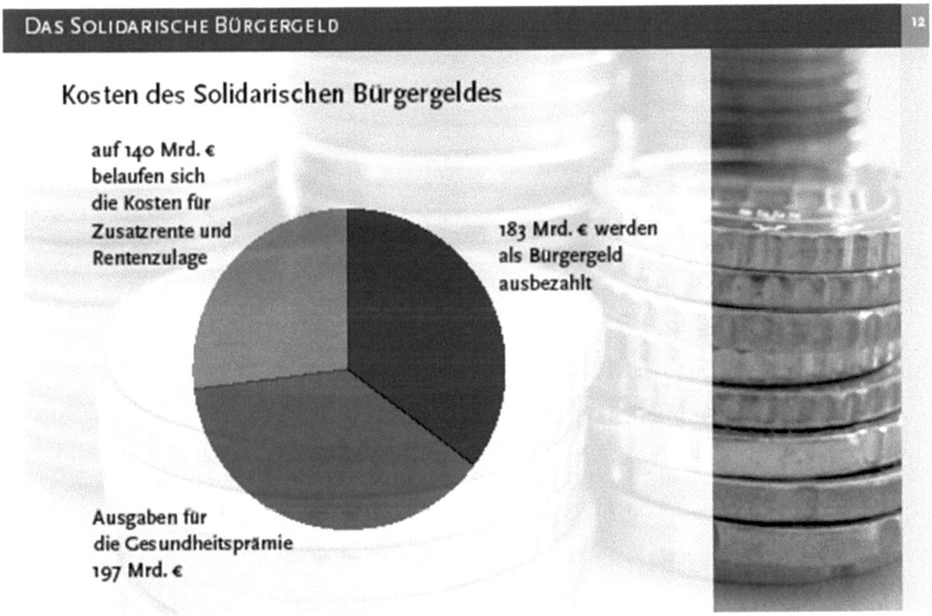
DAS SOLIDARISCHE BÜRGERGELD
12
Kosten des Solidarischen Bürgergeldes
auf 140 Mrd. €
belaufen sich
die Kosten für
Zusatzrente und
Rentenzulage
183 Mrd. € werden
als Bürgergeld
ausbezahlt
Ausgaben für
die Gesundheitsprämie
197 Mrd. €

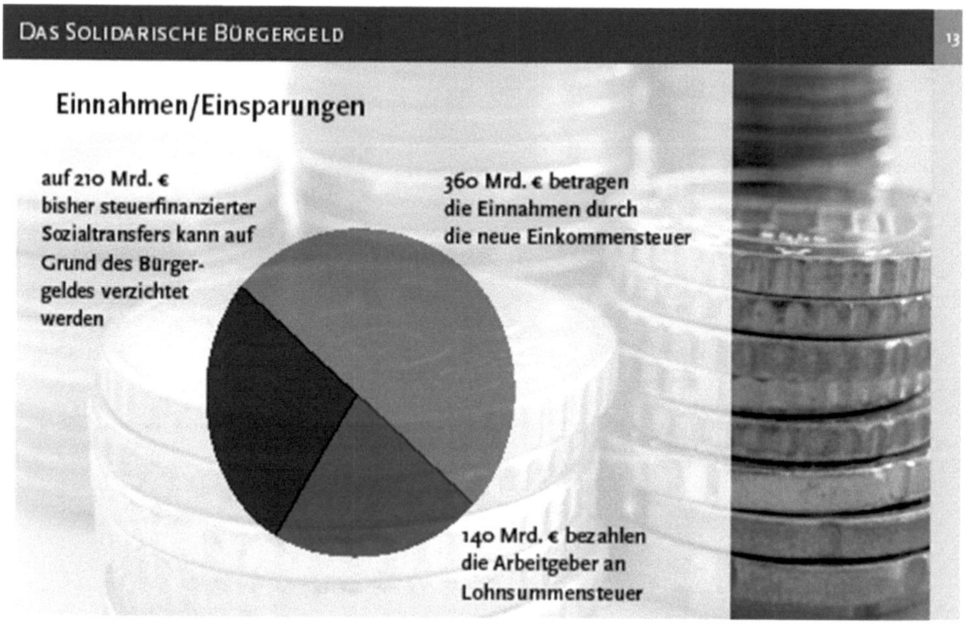
DAS SOLIDARISCHE BÜRGERGELD
13
Einnahmen/Einsparungen
auf 210 Mrd. € bisher steuerfinanzierter Sozialtransfers kann auf Grund des Bürgergeldes verzichtet werden
360 Mrd. € betragen die Einnahmen durch die neue Einkommensteuer
140 Mrd. € bezahlen die Arbeitgeber an Lohnsummensteuer

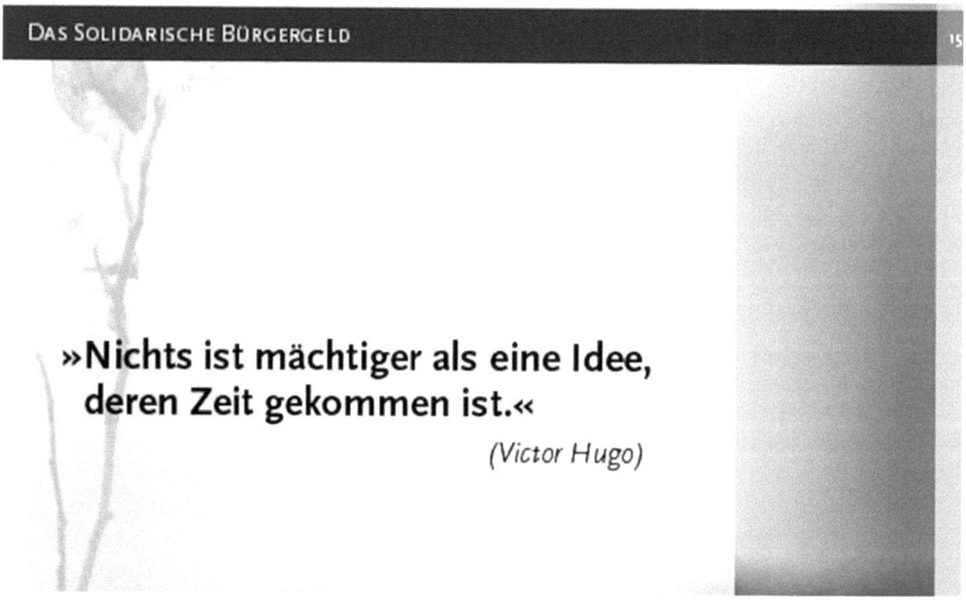
DAS SOLIDARISCHE BÜRGERGELD
15
»Nichts ist mächtiger als eine Idee, deren Zeit gekommen ist.«
(Victor Hugo)

Anhang 2: Althaus, Dieter: Fragen und Antworten

1. Warum bedarf es eines Systemwechsels in der Steuer- und Sozialpolitik?
Der demografische Wandel macht aus der Alterspyramide einen Alterspilz. Soziale Sicherheit muss zukunftsfest gemacht werden. Die hohen Lohnzusatzkosten und die Reglementierungen auf dem Arbeitsmarkt verhindern eine Zunahme der Beschäftigung. Ein Sozialsystem, im wesentlichen als Versicherungssystem entwickelt, das sich zu 40% aus Steuermitteln finanziert, ist nicht zukunftsfähig. Bei über 1,5 Billionen Euro Staatsschulden darf die öffentliche Hand auch nicht weiter neue Schulden anhäufen, wenn sie der jungen Generation nicht alle Gestaltungsspielräume nehmen will.

2. Wer bekommt das Solidarische Bürgergeld?
Alle deutschen Staatsbürger ab dem 18. Lebensjahr, die in Deutschland ihren gewöhnlichen Aufenthaltsort haben.

3. Wie hoch ist das Solidarische Bürgergeld?
Das Solidarische Bürgergeld beträgt 800 Euro monatlich, wenn das zusätzliche Einkommen mit 50% versteuert wird. Soll das zusätzliche Einkommen nur mit 25% besteuert werden, gibt es auch nur das auf 400 Euro halbierte Bürgergeld.

4. Von wem bekommt man das Bürgergeld und wird es immer ausbezahlt?
Die Auszahlung des Bürgergeldes erfolgt durch das Finanzamt, dabei wird das Bürgergeld mit der Steuerschuld verrechnet. Unter den vorausgesetzten Prämissen erhalten alle mit Einkommen bis zu 1.600 Euro eine Auszahlung vom Finanzamt, Bezieher von einem Einkommen über 1.600 Euro müssen eine Steuerschuld abführen.

5. Bekommen auch Kinder Bürgergeld?
Von der Geburt bis zum vollendeten 18. Lebensjahr erhalten Eltern für ihre Kinder ein Bürgergeld in Höhe von 500 Euro.

6. Wie ist die Finanzierung der Gesundheitskosten im Bürgergeldsystem geregelt?
Jeder Bürger muss eine Kranken- und Pflegepflichtversicherung abschließen. Eltern müssen für ihre Kinder eine entsprechende Versicherung abschließen. Die Versicherungen müssen ein entsprechendes Angebot für eine Gesundheitsprämie von 200 Euro/Monat machen. Die Bürgergeldbezieher können ihre Kasse selbst wählen.

7. Ist die Gesundheitsprämie von 200 € nicht die Kopfpauschale der CDU?
Die Gesundheitsprämie sichert eine gute Gesundheitsvorsorge für alle. Es ist die marktwirtschaftliche Lösung für das Gesundheitswesen, da es Wettbewerb zulässt und gleichzeitig sicher stellt, dass genügend Geld in das Gesundheitssystem fließt. Einerseits beinhaltet das Solidarische Bürgergeld die Systematik einer Prämie (»Kopfpauschale«), andererseits entspricht das Solidarische Bürgergeld auch dem Modell einer »Bürgerversicherung«. Über die Steuern tragen alle Bürger zur Finanzierung des Gesundheitswesens bei.

8. Reicht dieses Geld zur Finanzierung der Gesundheitskosten?
In das System der gesetzlichen Krankenkassen fließen zur Zeit ca. 150 Milliarden Euro. Die Privatkassen finanzieren 20 Milliarden Euro. Das Solidarische Bürgergeld führt alleine durch die Grundprämie zu Einnahmen von ca. 200 Milliarden Euro. Das Gesundheitssys-tem
lässt sich damit also sehr gut finanzieren. Es herrscht ein Wettbewerb über die Leistungen, Beitragsrückerstattungen und über zusätzliche Angebote. Der Betrag der monatlichen Grundprämie von 200 Euro darf nicht unterschritten werden. Rückerstattungen werden jedoch nicht gegengerechnet. Es ist mit deutlich höheren Zuflüssen zu rechnen, da zusätzliche Leistungen bestimmt gewählt werden.

9. Was geschieht mit den bisherigen unterschiedlichen sozialen Leistungen wie Wohngeld, Kindergeld, Elterngeld, Kindergeldzuschlag, BaföG etc.?
Alle diese Leistungen sind im Bürgergeld integriert.

10. Was ist mit Bürgergeldbeziehern, die einen objektiv höheren Bedarf haben?
Bei Bürgergeldbeziehern mit begründetem, höherem Bedarf (z.B. Behinderung, besondere Lebenssituation) kann auf Antrag ein individueller Bürgergeldzuschlag gewährt werden. Dieser erfolgt jedoch nicht bedingungslos.

11. Kann man sein Recht auf einen Bürgergeldanspruch verwirken?
Wer mit dem Strafrecht in Konflikt kommt, beispielsweise auch bei wiederholter Schwarzarbeit, kann seinen Anspruch verlieren und nur noch Bezugsscheine erhalten.

12. Was haben Geringverdiener vom Solidarischen Bürgergeld?
Es ist attraktiv, auch vergleichsweise schlecht bezahlte Jobs anzunehmen, da jedes zusätzliche Einkommen das verfügbare Haushaltseinkommen deutlich erhöht und man

deshalb auch von einem Job, von dem man alleine eigentlich nicht leben könnte, mit Hilfe des Bürgergeldes besser leben kann.

13. Kann das Solidarische Bürgergeld dazu beitragen, Leistungsträger in Deutschland zu halten oder für Deutschland zu gewinnen?

Der einheitliche Steuersatz von 25% ist leistungsfreundlich. Da alle Lohnzusatzkosten wegfallen, ist das Nettoeinkommen entsprechend höher. Das ermöglicht eine angemessenere Bezahlung für Spezialisten und Fachkräfte. Ohne dass der Arbeitgeber höhere Ausgaben hat, erhöht sich das Nettoeinkommen, wenn man den Arbeitgeberanteil dazu rechnet, durch den Wegfall der Lohnzusatzkosten um rund 40% .

14. Wie wird gerechnet, wenn ein Bürger in einem Monat hohe Einkommen hat und im nächsten geringe?

Zunächst kann der Bürger selbst bestimmen, zu welchem Tarif er im Steuerjahr, was gleichzeitig das Kalenderjahr ist, veranschlagt werden soll. Wenn zwingende Gründe dafür sprechen, kann auch innerhalb eines Jahres ein Wechsel erfolgen. Am Ende des Jahres wird vom Finanzamt zusammengerechnet und der für den Bürger günstigere Tarif gewählt.

15. Ist es nicht ungerecht, dass Menschen, die weniger verdienen, einen höheren Steuersatz bezahlen müssen?

Wer sein zusätzliches Einkommen mit 50% versteuert, bekommt ein doppelt so hohes Bürgergeld als derjenige, der es nur zu 25% versteuert. Für Bezieher geringerer Einkommen ist das höhere Bürgergeld wichtiger als ein niedrigerer Steuersatz. Es kommt bei keiner Option zu einem Bruch.

16. Ist das Solidarische Bürgergeld überhaupt finanzierbar?

Das Sozialbudget in Deutschland beträgt heute 735 Milliarden Euro. Alleine die Ausgaben der öffentlichen Haushalte (Steuermittel) für die soziale Sicherung betragen 556 Milliarden Euro, darin sind nicht nur Steuermittel für die Sozialversicherungen enthalten, sondern auch andere soziale Leistungen wie Wohngeld, Bafög etc. Das Solidarische Bürgergeld, verursacht Gesamtkosten von deutlich unter 600 Milliarden Euro, lässt sich also seriös finanzieren. Einsparungen durch Bürokratieabbau und Effektivitätsgewinne gar nicht berücksichtigt.

17. Warum heißt es immer, Bürgergeld, Grundeinkommen und Negativsteuermodelle ließen sich nicht finanzieren?

Fast alle dieser Modelle sehen einen einheitlichen Satz für alle Bürger vor. Das Solidarische Bürgergeld berücksichtigt sowohl einen ermäßigten Satz von 500 Euro für Kinder von 0 bis 14 Jahren als auch für mittlere und höhere Einkommen, die nur das halbe Bürgergeld erhalten. So erhalten nur diejenigen das volle Bürgergeld, die es auch wirklich brauchen. Und der Betrag des Solidarischen Bürgergeldes orientiert sich am sozikulturellen Existenzminimum und nicht an einer Wunschgröße (Netto-Bürgergeld-Maximum 600 Euro, Netto-Bürgergeld-Minimum 200 Euro, Netto-Bürgergeld für Kinder 300 Euro, jeweils nach Abzug der Gesundheitsprämie).

18. Was geschieht mit den Freibeträgen?
Es wird in Zukunft keine Freibeträge mehr geben. Das Bürgergeld liegt bei allen Einkommen über der Entlastungswirkung des Freibetrags.

19. Wann können die Menschen in Zukunft in Rente gehen?
Das Solidarische Bürgergeld garantiert ein bedingungsloses Grundeinkommen. Wer damit auskommt, muss nicht weiter arbeiten. Jeder bestimmt sein Renteneintrittsalter praktisch selbst. Aber der Anreiz zur Arbeit wird deutlich erhöht, das gilt auch für Ältere.

20. Motiviert das bedingungslose Grundeinkommen nicht zum Nichtstun?
Auch heute wird das Existenzminimum abgesichert. Wer mit dem soziokulturellen Existenzminimum zufrieden ist, arbeitet heute nicht und muss es auch in Zukunft nicht. Das System des Solidarischen Bürgergeldes motiviert aber eher, etwas zu leisten, weil man auch etwas von seinem Einsatz hat. Und es sanktioniert Schwarzarbeit noch stärker. Nicht jeder, der keine Arbeit hat, will auch nicht arbeiten! Ein zentraler Punkt des Bürgergeldes ist, dass es die Stigmatisierung von Menschen verhindert. In diesem Sinne ist das Solidarische Bürgergeld im besten Sinne eine „Hilfe zur Selbsthilfe“.

21. Was passiert, wenn man arbeitslos wird?
Unter die Höhe des soziokulturellen Existenzminimums, das das Solidarische Bürgergeld garantiert, fällt niemand. Wer eine zusätzliche Absicherung wünscht, muss dafür privat vorsorgen.

22. Ist die Rente in Zukunft nicht mehr Alterslohn für Lebensleistung?
Die jetzt erwerbstätige Generationen muss sich auf ein Rentenniveau von 40 % des Durchschnittsentgeltes einstellen. Das bedeutet, dass viele in spätestens 20 Jahre nur noch eine Grundsicherung erhalten. Der Grundsatz »Alterslohn für Lebensleistung« kann

also durch das bisherige Umlageverfahren, das außerdem erheblich durch Steuern gestützt wird, nicht eingehalten werden. Deshalb ist es ehrlich, jedem Bürger eine Grundsicherung zuzugestehen und es in seine Hände zu legen, welche private Vorsorge er sich leisten kann oder möchte. Ein Sozialversicherungssystem, das auf Grund der hohen Lohnzusatzkosten zur Verteuerung des Faktors Arbeit dazu beiträgt, führt dazu, dass immer weniger Menschen in das System einzahlen und es dann auch positiv nutzen können. Ein solches System ist nicht mehr glaubwürdig. Es verhindert Wachstum und Beschäftigung.

23. Ist das Solidarische Bürgergeld überhaupt umzusetzen?

Viele argumentieren, ein Bürgergeld oder ein Negativsteuersystem sei das Optimale, ließe sich aber, weil es einen solchen radikalen Wechsel bedeute, nicht umsetzen. Selbstverständlich bedarf es Übergangsregelungen und selbstverständlich genießen alle, die bisher in Sozialversicherungssysteme einbezahlt haben, Vertrauensschutz. Je früher mit dem Wechsel begonnen wird, desto besser.

24. Wie kann man das Solidarische Bürgergeld dann einführen?

Alle sollten die Vorteile des Systemwechsels sofort mit der Einführung nutzen können. Für eine Übergangszeit sind jedoch höhere Kosten abzudecken, da z. B. aus der Rentenversicherung Ansprüche bestehen, die finanziert werden müssen. Deshalb führen in dieser Übergangszeit Arbeitgeber und Arbeitnehmer weiter zu gleichen Teilen Lohnzusatzkosten ab, mit denen die Leistungen abgegolten werden können, die über das Solidarische Bürgergeld hinausgehen. So ist die Finanzierung eines umfassenden Vertrauensschutzes gesichert. Die verbleibenden, für den Übergang notwendigen Lohnzusatzkosten können dann Schritt für Schritt weiter abgebaut werden.

25. Welche Vorteile bringt das Solidarischen Bürgergeld sofort?

Für Arbeitgeber und Arbeitnehmer werden sich die Lohnzusatzkosten in etwa halbieren. Für Familien verdoppelt sich das Kindergeld. Das Gesundheitswesens ist durch eine Prämie, die jeder aus seinem Bürgergeld heraus finanziert, gesichert.

Thomas Poreski/Manuel Emmler 02.11.2006

Die Grüne Grundsicherung in Kürze „Version 1.2“ (ergänzt)

– Langfassung auf www.grundsicherung.org –

Vorbemerkung:

Die Grüne Grundsicherung ist ein Diskussionsvorschlag von Thomas Poreski und Manuel Emmler – ein Anstoß, das ‚Schlüsselprojekt‘ (Grundsatzprogramm 2001) konkret zu formulieren. Sie ist konsistent, aber für Variationen und Weiterentwicklungen offen.

Inhaltsverzeichnis:

1

1. Warum eine Grüne Grundsicherung?

- Das Steuer- und Transfersystem wird als ungerecht, **undurchschaubar, mit fragwürdigen Verteilungswirkungen, ineffizient und „demografisch bedroht“** angesehen.
- Das Volkseinkommen steigt beständig, nicht aber die Einnahmen aus sozialversicherungspflichtiger Beschäftigung. Viele öffentliche Bereiche sind unterfinanziert.
- Die **Schere zwischen Arm und Reich** öffnet sich weiter.
- **Prekäre Beschäftigungen** (ungesichert, Lohndumping) **und Lebenslagen nehmen zu.**
- Unstete Erwerbsbiografien, vielfältige Lebensentwürfe (mit und ohne Kinder) erfordern eine verlässliche Grundsicherung.
- Die heutige Form der **Bedürftigkeitsprüfung** ist teuer, **bürokratisch und demütigend.**
- Beschäftigungsprobleme bei minder qualifizierten und weniger leistungsfähigen Menschen. Aber: Gängige Kombilohnmodelle sind entweder sehr teuer und / oder ineffizient (wg. hoher Anrechnung von Einkommen) und / oder kontraproduktiv (Mitnahmeeffekte, Löhne sinken). Auch Modelle wie gezielt gesenkte Sozialabgaben im Niedrigeinkommensbereich sind teuer und bringen wenig zusätzliche Einkommen. Die Entlastung von Sozialversicherungsabgaben ist nur eine Übergangslösung.
- Die auch von Bündnis 90/Die Grünen geforderte Kombination von individualisierter Leistung, weniger Repression und besseren Zuverdienstmöglichkeiten (alles wünschenswert) ist in der jetzigen Systematik (Steuer- und Abgabenrecht) nicht machbar. Transferhaushalte mit geringen Teilzeitzuverdiensten kommen so schnell auf ein Nettoeinkommen, das deutlich über dem statistischen Durchschnitt liegt!
- **Existenzgründungen sind hoch bürokratisch**, widersprüchlich und werden ineffizient gefördert.

2. Grundpfeiler

2.1. Geldleistungen

Die Grundsicherung **ersetzt** die meisten bisherigen **materiellen Transfers** und Vergünstigungen. Private Steuererklärungen erübrigen sich. Eckpunkte:

a) Alle BürgerInnen erhalten eine monatliche **Grundsicherung – individuell, ohne Bedürftigkeitsprüfung**, aber nicht bedingungslos (5 Jahre legaler Lebensmittelpunkt...):

- Grundsicherung **für Kinder (400 Euro)**
- Grundsicherung **für Erwerbsfähige (500 Euro)**; ein zeitlich befristetes Ergänzungsmodul für langjährig Beschäftigte ist als Ersatz für das ALG I denkbar. Möglichkeit: ab einem Monatsdurchschnitt von über 1000 Euro, 25 Euro pro Jahr, bis 750 Euro, bei bis zu 2 Jahren Bezugsdauer.
- Grundsicherung **für RentnerInnen (500 / 700 Euro)**; denkbar ist auch ein Zuschlag pro Jahr erheblicher Beschäftigung - ab 1000 Euro brutto pro Monat z.B. 25 Euro, bis maximal 750 Euro.

b) Ergänzende Module, **bedürftigkeitsgeprüft**:

- **Wohngeld** (Mitwirkungspflicht, einzelfallbezogen)
- **Mindestunterhalt** bei Kindern von Alleinerziehenden (200 Euro, abziehbar bei dem / der Unterhaltspflichtigen)
- Grundsicherung in **besonderen Lebenslagen** wie Behinderungen (Bundesteilhabegeld, persönliches Budget für Dienstleistungen) und bei besonderen sozialen Schwierigkeiten

Grundsatz: Die Feinsteuerung bei Transfers ist sinnvoll - bei überschaubaren Fallzahlen und oberhalb eines soziokulturell und ethisch begründeten Grundsockels. Dieser - als Teil eines integrierten Steuer- und Transferkonzeptes - macht eine individualisierte Unterstützung einfacher und effektiver.

2.2. Steuerfinanzierung von Gesundheit und Rente

- **Medizinische Grundversorgung für alle**, entsprechend der heutigen GKV. Trennung GKV-PKV entfällt, Finanzierung der Kassen **aus Steuermitteln** (pro Versicherter/m je nach Alter und Geschlecht), Wettbewerb über Profilierung und Leistungen.
- **Rente**: Erworbene Ansprüche bleiben (auf dem erworbenen Niveau). Renten werden besteuert, Rentner/innen erhalten Grundsicherung (künftige ggf. eine Zusatzleistung, s.o.).

3

3. Finanzierung (siehe auch Anlage 1)

a) Finanzierung über die Einkommensteuer, aufgeteilt in 25 % Grundsicherungsabgabe **plus 25 %** Einkommensteuer. Die Grenzbelastung liegt somit bei 50 % und ist **in der Wirkung solidarisch**, obwohl alle die Grundsicherung erhalten! Der Grundfreibetrag und durch die jetzige Einkommensteuer gewährte Steuervorteile (Ehegattensplitting, Abschreibungen) entfallen.
Dieser Vorschlag bringt bereits eine **Überdeckung der Kosten.** Bezifferbare Einsparungen v.a. bei Transfers sind dabei berücksichtigt, andere (Einsparung bei Bürokratie) wurden bei der Rechnung außen vor gelassen (fiskalische Vorsicht).

b) Zur besseren Finanzierung der **öffentlichen Infrastruktur** können der Konsum, Vermögen, Erbschaften und der Umweltverbrauch höher besteuert werden. Zur Verbesserung der Inklusionsfähigkeit unseres Sozialstaates ist dies unerlässlich. Dieser Vorschlag ist steht jedoch nicht in direktem Zusammenhang mit der Grundsicherung.

4. Effekte

4.1. Verteilungswirkung (siehe auch Anlage 2)

Ohne eigenes Einkommen Mindestsicherung etwa auf dem Niveau des ALG II, ggf. zuzüglich Wohnkostenzuschuss: Alleinstehende liegen beim nicht bedürftigkeitsgeprüften Sockel etwas niedriger – Haushalte mit Kindern etwas darüber.
Kleine und mittlere Einkommen profitieren in der Summe stark, v.a. in Kombination mit Kindern. Höhere Einkommen – v.a. ohne Kinder - werden stärker belastet, aber nicht über dem skandinavischen Niveau.
Also: Ohne Einkommen wird in etwa das zur Verfügung gestellt, was Bedürftigen heute schon zusteht. Bei zusätzlichem Einkommen gibt es eine starke Verteilungswirkung von oben nach unten. Die öffentlichen Haushalte werden ansonsten für die Grundsicherung nicht „angezapft", die vorhandenen Gestaltungsspielräume bleiben also unverändert. Wir wollen die notwendige Investitionen in "Infrastruktur oder in Transferleistungen" bewusst nicht gegeneinander ausspielen. Beides ist existenziell, ebenso wie die Stärkung kleiner und mittlerer Einkommen. Deshalb liegt bei der Grünen Grundsicherung die Transferleistung auf dem Niveau des "soziokulturellen Existenzminimums", aber unterhalb der statistischen Armutsschwelle.

4.2. Soziale und kulturelle Dynamik

- Die Grüne Grundsicherung bringt **Verlässlichkeit** und ökonomische **Teilhabe.**
- **Vertrauen** in einen gerechten, transparenten und zukunftssicheren (und demografiefesten) Sozialstaat **fördert Investitionen** bei Unternehmen und Privatleuten.

- Die **Nachfrage** nach (nachhaltigen) Gütern und Dienstleistungen **nimmt zu**, da kleine und mittlere Einkommen steigen. Nachhaltige Investitionen (Wohneigentum und zur Familiengründung) werden leichter, da das ökonomische Risiko v.a. für Familien sinkt.
- **Individueller Anspruch** schafft Anreiz zur Bildung von Wohngemeinschaften – keinen Trennungsanreiz wie beim ALGII.
- Der Grundsicherungssockel schafft eine **lebenslagengerechte Teilzeitoption**: Eltern können sich in bestimmten Phasen Teilzeit leisten.
- Die Grundsicherung **stützt unstete Erwerbsbiographien** und fördert eine **„rationale Risikobereitschaft"**. Begünstigt Existenzgründungen, fördert den NGO-Bereich und bürgerschaftliches Engagement.
- **(Erwerbs-)Arbeit lohnt sich** mehr als bei Kombilohnmodellen - Stichwort ‚Lohnabstandsgebot'. Grundsatz: **Wirksame Anreize statt Workfare**.
- Heutige Niedriglohnkonzepte führen zu Mitnahmeeffekten und Verzerrungen: Regulär Beschäftigte werden gegenüber Transferempfänger/innen benachteiligt, Unternehmen entwickeln durch Lohnkostenzuschüsse Ansprüche an den Staat. Diese **Fehlentwicklungen entfallen** bei der grünen Grundsicherung.
- In unteren Einkommensgruppen wird der **Trend sinkender Löhne gestoppt**. Durch den (eher bescheidenen) Grundsicherungssockel besteht ein starker Arbeitsanreiz, aber "nicht um *jeden* Preis". Das Konzept stützt gerade jene, die von den Gewerkschaften nicht mehr organisierbar erscheinen.
- Die **Personalverwaltung** in Unternehmen wird drastisch **vereinfacht**.
- **Bürokratieabbau** an der richtigen (!) Stelle begünstigt Unternehmen und verbessert auch die Gestaltungsspielräume der öffentlichen Hand.

5. Unterschied zu anderen Grundsicherungsmodellen

- Solidarische **Absicherung von Lebensrisiken** wie Gesundheit und Behinderungen.
- **Gegenfinanziert**, ökonomische und soziale Wechselwirkungen werden darstellbar.
- **Verteilungswirkung** solidarischer als z.B. bei MP Althaus mit 25 % Spitzenbelastung: Alleinstehender mit 10.000 Euro Monatseinkommen bezahlt dabei monatlich 2.200 Euro weniger als bei der Grünen Grundsicherung. Dieses Geld fehlt bei öffentlichen Gütern.
- Keine Einschnitte bei der sozialen Infrastruktur (wird z.B. bei Straubhaar und Götz Werner finanziell "aufgelöst"!!), sondern zusätzliche **Spielräume** dafür - und die sind nötig!
- **Schrittweise Einführung** (über Kindergrundsicherung) möglich.
- Kein Anspruch als "Patentrezept", sondern als alternative und konsistente Grundlage für grüne Politik.
- **Grüne Wertorientierung**: **Sozial** (solidarisch, umverteilend, Sicherheit, Inklusion und Selbsthilfe fördernd) und **libertär** (freiheitlich, emanzipatorisch, unbürokratisch, ermutigend).

6. Komplementär erforderlich, u.a.

- **Aktive Arbeitsmarktpolitik** (mehr Spielräume für bürokratisch entlastete Arbeitsagenturen)
- **Anspruch auf öffentlich geförderte Beschäftigung** für Benachteiligte / Langzeitarbeitslose - "ehrlicher zweiter Arbeitmarkt".
- **Bekämpfung von Steuerhinterziehung und Schwarzarbeit** (Besteuerung an der Quelle, mehr Personal aus Bürokratieeinsparung).
- **Mindestlöhne** (branchen- und regionalspezifisch, Aushandlung durch Tarifparteien) – vorab, aber auch künftig als Schutz für GrundsicherungsempfängerInnen (v.a. alleinstehende u./o. geringqualifizierte Menschen in strukturschwachen Regionen).
- Investitionen in **soziale Infrastruktur** (Kinderbetreuung, Bildung, Integration und Beratung)
- Europäische Harmonisierung der Unternehmensbesteuerung (u.a. Bemessungsgrundlagen)

Zusammenfassend zur Zielsetzung: Die Grüne Grundsicherung ist kein Ersatz für Politik in anderen Feldern, kein "Patentrezept" oder Allheilmittel, aber eine bessere Grundlage und Ergänzung grüner Politik!

6

Anhang 1: Finanzierung der Grünen Grundsicherung

Grundsicherung brutto:

Zielgruppe	Anspruchberechtigte	GruSi bzw. KV /Monat in €	GruSi/Jahr	Kosten insgesamt
Kinder	14,8 Mio.	400	4800	70 Mrd.
Erwerbsfähige	52,1 Mio.	500	6000	313 Mrd.
RentnerInnen	14,4 Mio.	500	6000	86,5 Mrd.
RentnerInnen mit Versorgungsbezügen	1,4 Mio.	500	6000	8,5 Mrd.
Bruttoaufwand für die Sozialversicherungen[1]				
Rentenversicherung ('05)				238,5 Mrd.
Krankenversicherung	82,8 Mio.	155 (Schnitt)		154 Mrd.[2]
Pflegeversicherung				23 Mrd.

Bruttobedarf der Grünen Grundsicherung Summe = 893,5 Mrd. €

Folgende grundsicherungsähnliche Leistungen entfallen:

Leistungsart	Kosten
Kindergeld	32 Mrd. (2006)
Bundeserziehungsgeld und Kinderzuschlag	3 Mrd. (2005)
Bafög	2 Mrd.
ALG II, SV für ALG II-Empfänger/innen, Wohngeld (entfallender Teil) und Sozialgeld	26 Mrd. (2005)
Einsparungen bei den Kosten der Unterkunft	10 Mrd. (2006)
Bundeszuschuss in die Rentenversicherung	78 Mrd. (2006)

Einsparungen steuerfinanzierter Leistungen Summe = 151,5 Mrd. €

Saldo beim Bedarf: 742 Mrd. € (893,5 – 151,5)

Der Steuerertrag nach unserem Vorschlag:

Einkommensart (2005)	Bezugsgröße	Ertrag
Bruttolöhne und –Gehälter Arbeitnehmer/innen	909,76 Mrd.	455 Mrd.
Arbeitgeberbeitrag.	220 Mrd. (Lohnnebenkosten alt)	220 Mrd. Grundsicherungsabgabe (neu)
Bruttoeinkommen Selbständige, Beamte, Nichterwerbstätige (alle Unternehmens- und Vermögenseinkommen)	291,75 (555,10 Mrd.)	146 Mrd. (theoretisch 277,5 Mrd., muss aber differenziert werden, daher in der Modellrechnung nur reduziert berücksichtigt.)
Ruhestandsbezüge von Beamten etc.	25 Mrd.	12,5 Mrd.
Gesetzliche Renten	210 Mrd.	105 Mrd.
Summe:	1.656,51 (1.919,86)	938,5 Mrd.

Gegenüber der heutigen Einkommensteuer (183 Mrd.) ergibt sich ein **Mehrertrag zur Steuerfinanzierung der sozialen Sicherung von 755,5 Mrd. €** (938,5 – 183 [ESt. alt] Mrd.). Der zuvor errechnete Finanzbedarf von 742 Mrd. kann durch die reformierte Einkommensteuer (Verwendbares Zusatzaufkommen: 755,5 Mrd.) demnach gedeckt werden - rein rechnerisch bleibt ein Überschuss von 13,5 Mrd. Wichtig: Außerhalb der genannten Posten in der sozialen Sicherung werden die öffentlichen Haushalte nicht angetastet!

[1] Sozialversicherungsdaten aus 2003

[2] Gesetzliche- (143,3) und private Krankenversicherungen (20,6 Mrd.) lagen bisher bei 163,9 Mrd., die Pflegeversicherung bei 17,4 Mrd. In der Summe ändert sich bei diesem Vorschlag wenig.

7

Anhang 2: Beispielhafte Darstellung der Einkommenswirkung

Erw = Erwachsene, Ki = Kinder

Tabelle 1: Nicht bedürftigkeitsgeprüfter Sockel

der Grünen Grundsicherung (GS) im Vgl. zum Arbeitslosengeld II (ALGII)

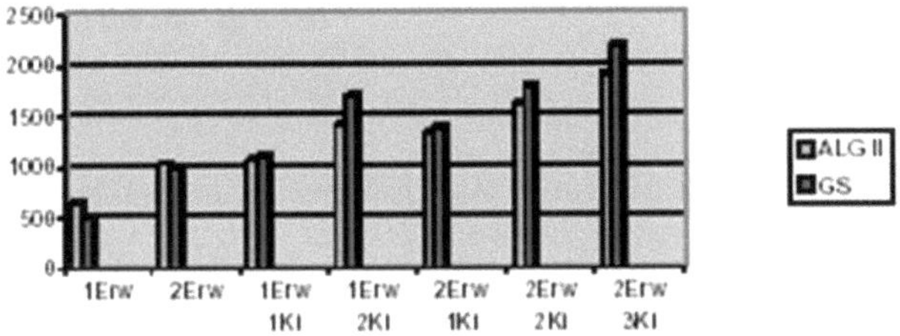

Tabelle 2: Nettoeinkommen bei 2000 Euro Bruttoeinkommen

Sockel ALG II, Sockel Grüne Grundsicherung (GS), netto alt (2006) und netto mit Grüner Grundsicherung (NEU)[3]

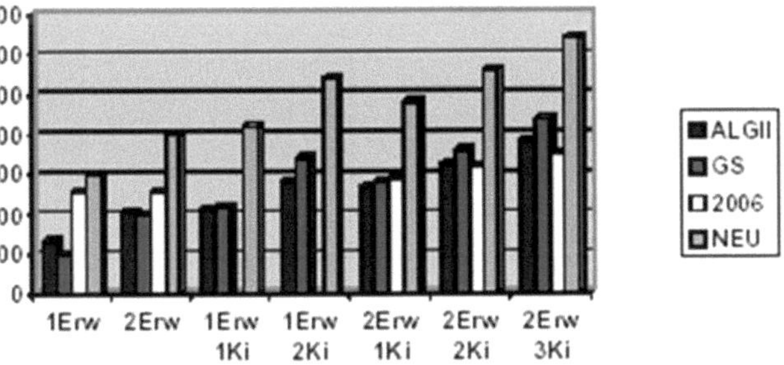

Tabelle 3: Nettoeinkommen bei 4000 Euro Bruttoeinkommen

Sockel ALGII, Sockel Grüne Grundsicherung (GS), netto alt (2006), netto mit Grüner Grundsicherung (NEU)[4]

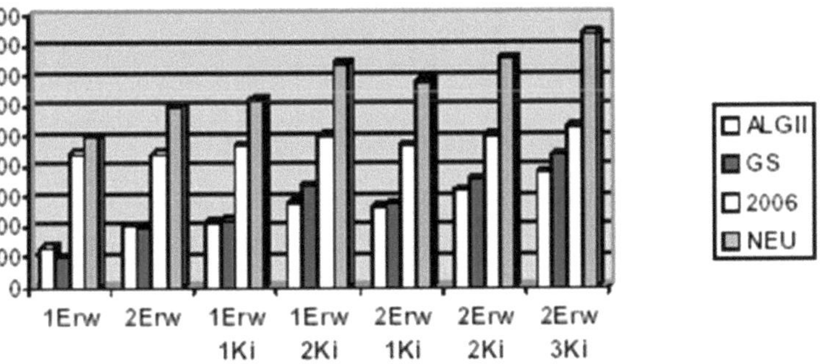

Anmerkung: Es klafft heute eine deutliche Lücke zwischen den Steuersätzen und der tatsächlichen Steuerbelastung. Zahlreiche Sondertatbestände und Abschreibungsmöglichkeiten mildern zum Teil wahllos die Steuerschuld, mit kaum kalkulierbaren Verteilungswirkungen. Die Verteilungswirkung der Grünen Grundsicherung geht zu Gunsten kleiner und mittlerer Einkommen.

---

[3] bei Alleinerziehenden zusätzlicher Unterhalt laut Gesetz bzw. Rechtsprechung

[4] dto.

Anhang 4: Das Modell der BAG Linkspartei.PDS

DIE LINKE.
Bundesarbeitsgemeinschaft
Grundeinkommen

Konzept der BAG Grundeinkommen in und bei der Linkspartei.PDS für ein Bedingungsloses Grundeinkommen (BGE) in Höhe der Armutsrisikogrenze

Das hier skizzierte Konzept eines BGE ist die Endausbaustufe des BAG GE-Konzepts zum Umbau des sozialen Sicherungssystems. Es ist als Ergänzung zu bestehenden Forderungen und Beschlüssen der Linkspartei.PDS konzipiert. Im Folgenden sollen die konkrete Ausgestaltung und Finanzierung des Konzepts für ein Bedingungsloses Grundeinkommen kurz erläutert werden.

1. Das Bedingungslose Grundeinkommen

Das Bedingungslose Grundeinkommen (BGE) soll als Ergänzung zum gesetzlichen Mindestlohn eingeführt werden. Jedem Menschen ab 16 Jahren wird ein individuelles, nicht an eine Bedürftigkeitsprüfung und nicht an eine Arbeitsverpflichtung geknüpftes Grundeinkommen garantiert. Das bedingungslose Grundeinkommen soll für Menschen ab 16 Jahren 60% des mediangemittelten Nettoäquivalenzeinkommens in Deutschland betragen (dies entspricht der Armutsrisikogrenze, zur Zeit etwa 950 €). Ein modifiziertes Wohngeld wird weiterhin gewährt. Bestimmte Mehrbedarfe können weiterhin in Form einer Sozialhilfe gewährt werden. Das BGE wird, im Gegensatz zu einem bedürftigkeitsgeprüften und bedingten Transfer ohne Altersbeschränkung an alle Menschen, unabhängig davon, ob sie einer Erwerbsarbeit nachgehen bzw. wie viel sie verdienen, gezahlt. Das BGE ist mit einem Erwerbseinkommen voll kumulierbar. Für alle Menschen mit einem zusätzlichen Einkommen bedeutet dies also, dass sich das Gesamteinkommen aus Nettoeinkommen plus BGE zusammensetzt. Bei einem gesetzlichen Mindestlohn von 8,60 €, der etwa der Nettolohnuntergrenze der Europäischen Sozialcharta von 60% des durchschnittlichen Nettolohns entspräche, hat jeder Mensch, der 35 Stunden pro Woche arbeitet, nach diesem Konzept ein garantiertes Nettoeinkommen von ca. 1.620 € (vgl. Tabelle 1). Jedes Kind bis 16 Jahre erhält 30% des mediangemittelten Nettoäquivalenzeinkommens (z. Zt. etwa 475 € pro Monat).

Das Bedingungslose Grundeinkommen ersetzt die meisten steuerfinanzierten Sozialleistungen (Grundsicherung für Arbeitsuchende = ALG II, Grundsicherung für Ältere und Erwerbsgeminderte, Sozialhilfe, BaFöG, Erziehungsgeld, Kindergeld) und die gesetzliche Rentenversicherung für einen Teil des Bruttoeinkommens (da das Bedingungslose Grundeinkommen auch eine gesetzlich garantierte Basisrente für alle RentnerInnen ist).

2. Wie viel hat Mensch netto bei diesem BGE-Konzept?

Tabelle 1: Übersicht über die Höhe des Nettoeinkommens (alle Angaben in €)

Bruttoein-Kommen	750	1.300	1.600	2.000	2.500	3.000	4.000	5.000	6.000	7.000	10.000	15.000	30.000
EK-Steuer	0	24	53	97	162	237	422	650	900	1.150	1.900	3.150	6.900
GE-Abgabe	263	455	560	700	875	1.50	1.400	1.750	2.100	2.450	3.500	5.250	10.500
Beitrag KV/PV	49	85	104	130	163	195	260	325	390	455	650	975	1.950
Netto ohne BGE	401	671	803	973	1.175	1.368	1.718	2.025	2.310	2.595	3.450	4.875	9.150
Netto mit BGE	1.351	1.621	1.753	1.923	2.125	2.318	2.668	2.975	3.260	3.545	4.400	5.825	10.100
Netto in % des Brutto EK	180	125	110	96	85	77	67	60	54	51	44	39	34
Netto EK Single heute	595	938	1.072	1.265	1.494	1.708	2.130	2.547	3.041	3.565	5.135	7.751	15.600

Es wird in Tabelle 1 von einem Krankenversicherungsbeitrag inklusive Pflegeversicherung von 6,5% auf alle Einkommen ausgegangen. Arbeitgeber zahlen eine Wertschöpfungsabgabe (Gesamtvolumen 101 Mrd. € pro Jahr). Der Beitragssatz zur Rentenversicherung (RV) beträgt für ArbeitnehmerInnen (AN) und ArbeitgeberInnen (AG) jeweils 5%. Der Einkommenssteuersatz steigt linear von 7,5% bei 12.000 € / Jahr auf 25% bei 60.000 € / Jahr. Die Grundeinkommensabgabe beträgt 35% für alle Bruttoeinkommen ab dem ersten Euro.

3. Finanzierung des BGE und Umbau des Steuer- und Abgabensystems

a) Finanzierung des BGE

Als Basisdaten dienten uns in der Regel die statistischen Daten für das Jahr 2005. Die Zahlen müssten entsprechend der wirtschaftlichen Entwicklung regelmäßig aktualisiert werden. Das BGE dürfte bei 950 € pro Monat bzw. 475 € für Kinder bis 16 etwa 855 Milliarden € pro Jahr kosten. Es soll durch folgende Steuern bzw. Abgaben finanziert werden, die alle direkt in den Finanztopf des BGE-Trägers fließen:

1.) Eine 35%-Sozialabgabe auf alle Einkommen ab dem ersten Euro (ca. 542 Mrd. € pro Jahr)
2.) Eine Börsenumsatzsteuer in Höhe von 1% auf Erstemissionen und 1.5% auf den Sekundärhandel (Einnahme: ca. 35 Mrd. € pro Jahr)
3.) Eine Sachkapitalsteuer in Höhe von 0,65% des Verkehrswertes bei Immobilien, ansonsten 1,3% des Nettosachkapitalwertes (Einnahme: bis zu 65 Mrd. € pro Jahr)[1]
4.) Eine Primärenergiesteuer von 2,25 Cent / kWh, was auf den Endverbrauch umgerechnet durchschnittlich ca. 3,2 Cent / kWh entspräche (Einnahme ca. 88 Mrd. € pro Jahr). Bei 2.200 kWh Strom-Jahresverbrauch liegt die monatliche Mehrbelastung des Haushaltes durchschnittlich bei etwa 3,10 €; Energiesparen wird lohnenswerter.[2]
5.) Durch die im Steuerkonzept der Linkspartei.PDS geforderte Vermögenssteuer (ca. 25 Mrd. € pro Jahr
6.) Einer Tobin Tax in Höhe von 0,2% der Devisenumsätze (ca. 24 Mrd. entsprechend Berechnungen von Attac)[3]
7.) Einer neu einzuführenden Luxusumsatzsteuer auf Luxusgüter im Volumen von etwa 60 Mrd. € pro Jahr[4]
8.) Einen Bundeszuschuss in Höhe von 16 Mrd. € pro Jahr

Da zur Finanzierung eine direkte Abgabe von 35% auf alle Einkommen eingeführt wird, wird im Gegenzug die Einkommenssteuer gesenkt. Bei der Einkommenssteuer soll das Linkspartei.PDS-Steuerkonzept gelten, nur die Steuersätze werden halbiert, das heißt der Eingangssteuersatz sinkt auf 7,5%, der Spitzensteuersatz auf 25%. Die Steuereinnahmen aus der Einkommenssteuer sinken dadurch gegenüber heute. Insgesamt steigt aber die Belastung von Einkommen ab 60.000 € pro Jahr. Ab dem 60.000. Euro betragen die Steuern und Sozialabgaben (siehe unten) auf jeden zusätzlich verdienten Euro zusammen 71,5%!

---

[1] Sach-oder Realkapital sind die Betriebsmittel (Kapitalstock) eines Unternehmens ohne die immateriellen Anteile und Humankapital. Besteuert werden aber zusätzlich alle Immobilien, die Wohnimmobilien nur mit dem halben Satz.

[2] Primärenergie ist die Energie, die mit den natürlich vorkommenden Energieträgern zur Verfügung steht, Endenergie die nach Umwandlungsprozessen und Übertragungsverlusten letztlich vom Verbraucher nutzbare Energiemenge.

[3] Tobin Tax ist eine Steuer zur Besteuerung internationaler Devisengeschäfte (zur Besteuerung kurzfristiger Spekulationen mit ausländischen Währungen).

[4] Diese Steuer ist als deutlich erhöhte Mehrwertsteuer auf als Luxusgüter definierte Waren- und Dienstleistungen angedacht.

b) Umbau der Sozialen Sicherungssysteme

Durch den Umbau der Sozialen Sicherungssysteme ergeben sich zum Teil geringere Sozialversicherungsabgaben und geringere Sozialausgaben des Staates für verschiedene Bereiche der Sozialen Sicherung. Für die Kranken- und Pflegeversicherung sind Einnahmesteigerungen vorgesehen:

- Das neue Rentensystem besteht aus Basisrente (= BGE) plus obligatorische solidarische Rentenzusatzversicherung im Volumen von 155 Mrd. €. Die 155 Mrd. € werden durch einen paritätisch erhobenen Sozialversicherungsbeitrag von insgesamt 10% auf alle Einkommensarten finanziert. Das heißt: RentnerInnen erhalten in der Summe zwar statt bisher rund 270 Mrd. € aus den öffentlichen Rentenversicherungssystemen insgesamt etwa 400 Mrd. € pro Jahr (Summe BGE + staatliche Rentenzusatzversicherung), davon sind aber nur noch etwa 155 Mrd. € beitragsfinanziert (bisher rund 170 Mrd. € pro Jahr). Der bisherige Bundeszuschuss zur Gesetzlichen Rentenversicherung in Höhe von rund 60 Mrd. € pro Jahr entfällt.
- Die staatlichen Ausgaben für Kindergeld, Erziehung und weitere Familienbeihilfen in Höhe von zusammen etwa 40 Mrd. € pro Jahr entfallen, da diese Leistungen durch das BGE ersetzt wurden.
- Die staatlichen Ausgaben für ALG II und Sozialhilfe in Höhe von etwa 30 Mrd. € pro Jahr entfallen, da das BGE diese Leistungen ersetzt.
- Es wird ein ausschließlich von Arbeitgebern finanzierter Arbeitsmarktfonds im Volumen von jährlich 25 Mrd. € zur Finanzierung der aktiven Arbeitsmarktpolitik eingeführt.
- Durch den Umbau der Kranken- und Pflegeversicherung zu einer solidarischen Bürgerversicherung und die Einführung einer solidarischen Abgabe von 6,5% auf alle Einkommensarten plus Wertschöpfungsabgabe für Arbeitgeber im gleichen Volumen zu deren Finanzierung stehen rund 202 Mrd. € jährlich für diesen Bereich inklusive Lohnfortzahlung zur Verfügung. Bisher waren dies nur rund 160 Mrd. €. Alle Menschen, die ein BGE erhalten sind automatisch krankenversichert. Das BGE selbst ist steuer- und abgabenfrei.

4. Einnahmen des Staates und der Sozialen Sicherungsysteme

Auf diese Weise ergäben sich bei zusätzlicher Einführung diverser im Linkspartei.PDS-Steuerkonzept geforderter Steuern, namentlich der Vermögens-, Erbschafts- und der Unternehmenssteuern, folgende Einnahmen des Bundes, der Länder, der Kommunen und der Sozialen Sicherungssysteme:

a) Steuereinnahmen des Staates gesamt (Schätzwerte nach Reform ohne Steuern und Abgaben zur Finanzierung des BGE):

Lohn- und Einkommenssteuer:	80,0 Mrd €
Kapitalertragssteuer:	17,0 Mrd.€
Körperschaftssteuer:	30,0 Mrd. €
Mehrwertsteuer:	97,0 Mrd. €
Einfuhrumsatzsteuer:	31,0 Mrd. €
Erbschaftssteuer:	16,0 Mrd. €
Tabaksteuer:	14,0 Mrd. €
Versicherungssteuer:	9,0 Mrd. €
KFZ-Steuer:	8,0 Mrd. €
Gewerbesteuern:	40,0 Mrd. €
Grundsteuer:	10,0 Mrd. €
EU-Zölle:	3,0 Mrd. €
Sonstige Steuern:	10,0 Mrd. €
Summe:	**365,0 Mrd. €**

Davon Einnahmen des Bundes:

60% Lohnsteuer:	48,0 Mrd. €
Mehrwertsteuer 50%	47,5 Mrd. €
Einfuhrumsatzsteuer 50%:	16,5 Mrd. €
Kapitalertragssteuer 50%	8,5 Mrd. €
Körperschaftssteuer 50%	15,0 Mrd. €
Tabaksteuer:	14,0 Mrd. €
Versicherungssteuer:	9,0 Mrd. €
Zölle und sonstige Bundessteuern:	9,0 Mrd. €

Summe: 167,5 Mrd. € davon 16,0 Mrd. Zuschuss BGE

Benötigter Bundeshaushalt nach Einsparungen im Sozialbudget: ca. 175-180 Mrd. €

Davon Einnahmen der Länder:

40% Lohnsteuer:	32,0 Mrd. €
Kapitalertragssteuer 50%:	8,5 Mrd. €
Körperschaftssteuer 50%:	15,0 Mrd. €
Mehrwertsteuer 50%:	47,5 Mrd. €
Erbschaftssteuer:	16,5 Mrd. €
KFZ-Steuer:	8,0 Mrd. €
Einfuhrumsatzsteuer 50%	16,0 Mrd. €
Sonstige Steuern	3,0 Mrd. €

Summe: 146,5 Mrd. €, bisher: ca. 146,0 Mrd. €

Davon Einnahmen der Kommunen:

Gewerbesteuern:	40,0 Mrd. €
Grundsteuer:	10,0 Mrd. €
Sonstige Steuern:	1,0 Mrd. €

Summe: 51,0 Mrd. €, bisher: ca. 40,0 Mrd. €

b) Sozialsteuern + Abgaben zur Finanzierung des BGE und der SV:

Einnahmen des BGE-Systems (ohne Bundeszuschuss):

Sozialabgabe auf Einkommen:	542 Mrd. €
Börsenumsatzsteuer:	35 Mrd. €
Sachkapitalsteuer:	65 Mrd. €
Primärenergiesteuer:	88 Mrd. €
Vermögenssteuer	25 Mrd. €
Tobin-Steuer:	24 Mrd. €
Luxusmehrwertsteuer:	60 Mrd. €

Einnahme KV + PV inklusive Lohnfortzahlung:

Sozialabgabe auf alle Einkommen	101 Mrd. €
AG-Beitrag KV/PV	101 Mrd. €

Rentenzusatzversicherung

Sozialabgabe auf alle Einkommen 77,5 Mrd. €
AG-Beitrag RV 77,5 Mrd. €

Staatliche Unfallversicherung

AG-Beitrag 12 Mrd. €

Arbeitsmarktfonds

AG-Beitrag 25 Mrd. €

Summe Soziale Sicherung: 1.233 Mrd. €

Konzept der BAG Grundeinkommen in und bei der Linkspartei.PDS – Fassung 16.Juli 2006
Seite 5 von 6

Staatsquote gesamt: 1.598 Mrd. € (ca. 71 % d. BIP)
davon Soziale Sicherungssysteme 1.233 Mrd. €
davon öffentliche Haushalte 365 Mrd. €

5. Auswirkungen auf die Staatsquote

Die Ausgaben des Staates inklusive Soziale Sicherung dürften durch diese Maßnahmen plus Steuerreformen nach Linkspartei.PDS-Steuerkonzept gegenüber den 975 Mrd. € an Staatsausgaben 2005 um etwa 623 Mrd. € steigen und betragen dann etwa 1598 Mrd. € pro Jahr (ca. 71 % des BIP). Eine so hohe Staatsquote ist, wenn auch nicht ohne weiteres, realisierbar. Schweden hatte zu besten Zeiten eine Staatsquote von fast 2/3 des BIP erreicht, im Jahr 2000 lag die Staatsquote noch immer bei 56,3%.

6. Auswirkungen auf Unternehmen

Die Arbeitgeber zahlen in der Summe etwa 15 Milliarden € weniger Sozialversicherungsabgaben als bisher, werden aber zusätzlich durch die Sachkapitalsteuer und die Energieverbrauchssteuer belastet. In der Summe dürfte die Belastung der Unternehmen um grob geschätzte 70 Milliarden € pro Jahr steigen. Durch die Umstellung der Beiträge zur Sozialversicherung auf eine Wertschöpfungsabgabe werden aber KMU und ertragsschwache Unternehmen gegenüber heute entlastet.

7. Reform des Sozialversicherungssystems

Große Teile des alten Sozialen Sicherungssystems werden überflüssig. Es bleiben die Unfallversicherung, Kranken- und Pflegeversicherung inklusive modifizierte Lohnfortzahlung im Krankheitsfall, welche zu einer solidarischen Bürgerversicherung umgebaut werden sollen, und eine obligatorische, umlagefinanzierte Rentenzusatzversicherung. In der Summe werden RentnerInnen deutlich mehr Rentenleistungen erhalten als heute. Die Neuregelung des ALG I wurde bisher offen gelassen und aus der Gesamtrechnung herausgenommen. Hier bietet sich beispielsweise eine obligatorische oder freiwillige staatliche umlagefinanzierte Zusatzversicherung an, um Betroffenen temporär ein prozentual angemesseneres Referenzeinkommen im Falle einer Erwerbslosigkeit zu garantieren. Es ist wenig sinnvoll, wenn ein Mensch mit beispielsweise 2000 € Nettoeinkommen nach seiner Entlassung sofort auf 950 € Monatseinkommen fällt.

8. Weitere Regelungen

Statt Ein-Euro-Jobs werden öffentlich geförderte Arbeitsplätze geschaffen, die mindestens in Höhe des gesetzlichen Mindestlohns vergütet werden. Die Beschäftigten erhalten durch das garantierte Mindesteinkommen zudem eine Aufstockung ihres Nettoeinkommens. Dies führt für diese zu einer deutlichen Kaufkraftsteigerung. Diese Arbeitsplätze kosten den Staat kaum mehr als Ein-Euro-Jobs, die Betroffenen bekommen aber netto weit mehr.
Für LeiharbeiterInnen soll wie für reguläre Beschäftigte der branchenübliche Tariflohn beziehungsweise mindestens der gesetzliche Mindestlohn gezahlt werden. LeiharbeiterInnen haben wie alle anderen Beschäftigten Anspruch auf das garantierte Mindesteinkommen. Der Zeitarbeitssektor ist zu vergesellschaften. Unternehmen ab 100 Beschäftigten erhalten generell keinen Anspruch mehr auf LeiharbeiterInnen.

Hinweise, Kritiken und Informationen zum Konzept und zur BAG:

http://www.bag-grundeinkommen.de
Postadresse: c/o Stefan Wolf, Franz-Reichel-Ring 35, 90473 Nürnberg

Anhang 5: Das Existenzgeld-Modell der BAG-SHI

NEWS LETTER
NETZWERK GRUNDEINKOMMEN
www.grundeinkommen.de

Nr. 9, November 2006

Hinrich Garms:
Das Konzept der BAG- SHI zum Existenzgeld, eine Form des bedingungslosen Grundeinkommens

Das Konzept eines Grundeinkommens ohne Arbeitszwang, ohne Bedürftigkeitsprüfung, individuell ausgezahlt, existenzsichernd und garantiert, ist unumstritten im Netzwerk Grundeinkommen.

Ein Grundeinkommenskonzept von vielen ist das Existenzgeld der BAG-SHI, das von der „Bundesarbeitsgemeinschaft der Sozialhilfe-Initiativen"[1] im Jahre 1998 beschlossen wurde und seither auch durch einige Diskussionen innerhalb dieser Organisation gegangen ist. Der Grundgedanke ist, dass die nachfolgend benannten Bedarfe von einer Behörde – praktischerweise dem Finanzamt – automatisch ausgezahlt werden.

Existenzgeld – Mehr als die nackte Existenz

Das gesamte Existenzgeld umfasst nach einem veränderten „Warenkorb"-Prinzip: [2]

- Ernährung und Dinge des täglichen Bedarfs: 270,00 €
  Hierin enthalten sind die Lebensmittel und andere Konsumgüter
- Haushaltsenergie: 40,00 €
- Soziales: 110,00 €.
  Hierin enthalten sind Ausgaben für Hobbys, Vereine, Interessenorganisationen, Kultur, Sport, Freizeit
- Urlaub 65,00 €
  Hierin enthalten ist die jährliche Erholung.
- Mobilität 55,00 €
  Hierin enthalten sind Ausgaben für Auto, Bahn und Nahverkehr, Fahrrad, ...
- Bekleidung 80,00 €
- Instandhaltung von Wohnraum, Anschaffung und Instandhaltung von Möbeln: 50,00 €
- Krankenbedarf: 20,00 €
  Hierin enthalten sind gesundheitliche Bedarfe, die auf absehbare Zeit nicht durch eine Krankenversicherung abgedeckt sind.

In der Summe sind das **690,00 EUR**. Hinzu kommt eine garantierte Krankenversicherung mit einem Berechnungsbetrag von 110,00 €. Des Weiteren die Erstattung der Wohnkosten eines jeden Menschen in Höhe von durchschnittlich *260,00 EUR*. Dies ist ein statistischer Durchschnitt und bedeutet, dass die Erstattung von Wohnkosten auch höher sein kann. Auch Kinder bekommen Existenzgeld. Besondere Bedarfe müssen zusätzlich

[1] Jetzt: Bundesarbeitsgemeinschaft der Erwerbslosen- und Sozialhilfe-Initiativen

[2] Bis zum Anfang der Neunziger Jahre gab es in der BRD das „Warenkorb"- Prinzip zur Berechnung der damaligen Sozialhilfe. Dies wurde dann durch das „Statistik-Modell" abgelöst. In unserem Falle haben wir in mehreren Arbeitsgruppen, Workshops und Seminaren einen „Warenkorb von unten" aufgestellt, der uns in den Initiativen – bei ständiger Diskussion – als Richtschnur galt.

abgesichert werden. Diese Zahlen von 2002 müssen ständig der Überprüfung unterzogen werden, ein solcher Prozess ist innerhalb der BAG-SHI zur Zeit im Fluss.

Das Existenzgeld soll nicht nur die nackte Existenz sichern, sondern auch die Teilhabe und Teilnahme eines jeden / einer jeden am gesellschaftlichen und kulturellen Leben gewährleisten.
Wir haben uns bei der Erstellung des Konzepts dann der Mühe unterzogen und ein Finanzierungskonzept als Machbarkeitsstudie erstellt, weil wir den Argumenten entgegen treten wollten, die

a) ein Existenzgeldkonzept / ein Grundeinkommen auf eine Veränderung am St. Nimmerleinstag „nach der Revolution" verschieben wollten (linksradikales Konzept) oder
b) der Argumentation anhängen, „es ist kein Geld vorhanden" (neoliberale Argumentation).

Die Frage, ob dieses Konzept innerhalb des bestehenden ökonomischen und sozialen Systems durchgesetzt werden kann oder ob es systemsprengend ist, kann wohl erst nach Einführung beantwortet werden, da die sozialen Prozesse, die damit einhergehen, nicht im Detail vorausgesagt werden können.

Sicherlich sehen wir die Möglichkeit, dass mit der Einführung eines Existenzgeldes gesellschaftliche Veränderungen vonstatten gehen, vor allem Veränderungen in der Einstellung zur individuellen und gesellschaftlichen Arbeit und zur geschlechtshierarchischen Arbeitsteilung, bzw. zur gesellschaftlichen Arbeitsteilung insgesamt.

Denn nicht jede Arbeit muss mehr von Erwerbslosen und Arbeitssuchenden angenommen werden, schon gar nicht unter Zwang, eine radikale Arbeitszeitverkürzung wird möglich und Mindestlöhne sind konstituierender Bestandteil und Folge dieses Konzeptes. Rein theoretisch, statisch gedacht, könnte dieses Modell auch implementiert werden, ohne dass sich in anderen Bereichen sofort etwas ändert. Wenn dem so ist, ist zumindest die Diskussion über Änderungen in anderen Bereichen leichter, weil sie dann nicht mehr unter gleichzeitigem Verzicht auf die Grundbedürfnisse der Mitglieder dieser Gesellschaft geschehen müsste. Dies ist sicherlich eine Enttäuschung für diejenigen, die alle gesellschaftlichen Probleme mit einem Allheilmittel beseitigen wollen.

Eine Veränderung der Arbeitsteilung, insbesondere der geschlechtshierarchischen, ist bei dem Konzept des Grundeinkommens allerdings durchaus mitgedacht, eine Veränderung der Einstellung zu den Produktionsverhältnissen, insbesondere auch zur Ökologie auch, sowie ein anderes Verhältnis zu Internationalismus. Nur sind dies andere „Baustellen", die nicht automatisch – um in diesem Bild zu bleiben – aufgetan und bearbeitet werden können. Unsere einzige Grundbedingung ist, dass wirklich alle Menschen Existenzgeld bekommen – auch Illegalisierte – und dass dieses Existenzgeld international gedacht werden muss. Damit keine Missverständnisse entstehen: Ein Existenzgeld würde an alle Menschen ausgezahlt – wäre also eine Art Bürgerdividende – und nicht von sozialer Bedürftigkeit anhängig gemacht. Soziale Gerechtigkeit würde dadurch entstehen, dass diejenigen, die viele Werte besitzen, hiervon die Hälfte abgeben müssten. Unsere Berechnung beschränkt sich allerdings aus pragmatischen Gründen auf die BRD.

Wie soll es finanziert werden? Wer soll das bezahlen?

Finanziert wird das Existenzgeld durch die vorhandenen Steuern für bisherige Sozialtransfers, dem weitest gehenden Wegfall einer Sozialbürokratie, die u.a. die „Bedürftigkeit" prüft sowie einer so genannten „Take-Half" - Abgabe. Diese bedeutet, dass jede/r von seinem / ihrem bisherigen Netto-Einkommen jeglicher Art die Hälfte angeben müsste. Das Finanzierungsvolumen, das heißt die Summe dessen, was als Existenzgeld bezahlt werden musss, betrug im Jahre 2002: *969 Milliarden Euro/Jahr.*

Bei der Finanzierung werden im Einzelnen folgende unterschiedlichen Einnahmearten herangezogen:

(1) Einen Großteil der Finanzierung macht eine 50%ige Abgabe (**„Take-half")** aus, die auf alle Netto-Einkommen erhoben wird, gleich welcher Art und Höhe, also auch auf Unternehmertätigkeit und Vermögenseinkommen. Diese Abgabe ist zweckgebunden, somit keine Steuer im üblichen Sinne und steht dem sonstigen Staatshaushalt nicht zur Verfügung. Bei der Besteuerung selbst kommt es zu einer Umstellung der Lohnsteuerklassen auf Lohnsteuerklasse Eins für alle, d.h. jede/r wird als Einzelperson besteuert, da auch jede/r als Einzelperson Existenzgeld erhält.

Bei diesem Konzept bleiben zunächst alle Besteuerungen und Sozialabgaben in der jetzigen Form, d.h. in Höhe sowie Progression erhalten. Das Finanzvolumen aufgrund dieser Abgabe beträgt *601,64 Milliarden Euro/Jahr.* [3]

(2) Umschichtungen besonders bisheriger Sozialtransfers aus den Etats der Kommunen, der Länder und des Bundeshaushaltes sind eine weitere Finanzierungsquelle. So werden Grundsicherung („Hartz IV"), Leistungen nach Asylbewerberleistungsgesetz, BaföG, Kindergeld, Erziehungsgeld wegfallen. Arbeitslosengeld, Renten, Pensionen und ähnliche Leistungen werden in die „Take-Half"- Regelung einbezogen. Dazu kommen Beträge aus Einsparungen bei Bürokratie und Verwaltung. Bei Letzteren wurde lediglich die Hälfte der dann einzusparenden Kosten berücksichtigt, da ein Teil der bisher in diesen Bereichen Tätigen für andere notwendige kommunale Aufgaben benötigt wird. Die Auszahlung des Existenzgeldes muss keinen weiteren Verwaltungsaufwand bedeuten, eine Abwicklung über das Finanzamt wäre naheliegend.

Das Finanzvolumen aufgrund dieser Finanzierungsart beträgt *60,6 Milliarden Euro/Jahr.*

(3) Neue Einnahmenquellen: Die Erbschaftssteuer im Sinne einer 50%igen „Take-half"-Abgabe, natürlich mit angemessenen Freibeträgen (Eigenheimnutzung), wird gemäß der bestehenden Bevölkerungsstruktur und Vermögensverteilung jährlich zumindest für die nächsten Jahrzehnte große Summen erbringen. Des Weiteren haben wir bestimmte Posten relativ niedrig angesetzt, um sie volkswirtschaftlich tragbar zu halten, zum Beispiel die relativ niedrige Erhöhung der Energiesteuern und der Mehrwertsteuer. Bei Subventionseinsparungen sollte es insgesamt nicht zum großen Kahlschlag kommen, da gerade für innovative Technologien u.Ä. zusätzliche Subventionen schon seit langem überfällig sind. *Das Finanzvolumen beträgt hier 94,6 Milliarden Euro/Jahr.*

---

[3] Die Berechnungen beziehen sich auf statistische Daten aus den Jahren 1999/2000. Mittlerweile sind die verfügbaren Einkommen eher gewachsen als gesunken.

(4) Bisher geschätzte Finanzierungsbeträge: Gerechnet wird mit der Zunahme des Konsums im unteren Einkommensbereich. Volkswirtschaftlich gilt die Faustregel, dass 30% dieser Kaufkraftsteigerung kurzfristig (spätestens nach 12 Monaten) über Steuern (ohne Berücksichtigung der Sozialabgaben) in die einzelnen Kommunal-, Landes und Bundeshaushalte zurückfließt - eine zweistellige Milliardensumme. Des Weiteren Bereiche, die auf Grund bestehender Gesetzeslücken z.B. bei den sogenannten Abschreibungen wie auch durch mangelhafte Bearbeitung - durch die Finanzämter - schon seit Jahrzehnten zu steuerliche Fehleinnahmen führen. Geschätzte Ergebnisse bringen bislang auch: eine Betriebsertragssteuer i.S. einer Wertschöpfungsabgabe, eine Zinsertragsteuer, eine angedachte zukünftige Kapitalexportsteuer. .
Das Finanzvolumen beträgt hier mindestens 50 Milliarden Euro/Jahr.

Die gesetzliche Krankenversicherung schlägt mit *137,53 Milliarden Euro/Jahr* zu Buche.

Sicherlich ist das vorgelegte Finanzierungskonzept nur eine Grobrechnung. Hier muss durch detaillierte Simulationsmodelle nachgearbeitet werden. Fallen einzelne Finanzierungsarten fort, würde das Existenzgeld entsprechend niedriger ausfallen.
Umgekehrt: Soll das Existenzgeld höher ausfallen, müssen neue Finanzierungsarten gefunden werden.

Wie ist dieses Konzept umsetzbar?

Von diesem Konzept würden nach Überschlagsrechnungen etwa siebzig Prozent der Bevölkerung rein materiell profitieren, egal ob sie Erwerbslose, Arbeiter, Angestellte oder Selbstständige sind. Allerdings ist dringend eine Bewusstseinsänderung innerhalb eines großen Teils der Bevölkerung notwendig, eine Bewusstseinsänderung, die nicht an einem Tag und nicht ruckartig passiert, sondern bei der die Vorteile dieses Konzepts langsam bewusst werden und somit auch entsprechende gesellschaftliche Veränderungen nach sich ziehen. Diese Bewusstseinsänderung kann durch politische Aktionen, aber auch durch längerfristig angelegte Diskussionsprozesse befördert werden, und vor allen Dingen müssen wir dem Argument: Es geht nicht! entgegenhalten: Was jetzt Realität ist, geht auch nicht!

Denn zum Einen hat sich der Arbeitsbegriff massiv geändert. Bei mindestens sieben Millionen Erwerbslosen und Unterbeschäftigten können wir nicht mehr davon reden, dass „die Vollbeschäftigung" bald wieder kommt. Nebenbei bemerkt, ist „Vollbeschäftigung" immer eine Tatsache gewesen, die andere Menschen ausgeschlossen hat, zum Beispiel selbst in der Hochphase dieses Modells in den Siebziger Jahren viele Frauen, aber auch Flüchtlinge, die nicht arbeiten durften, andere MigrantInnen usw. Und sie war nie weltweit wirksam, Vollbeschäftigung in Europa oder der BRD schloss immer Armut in den Ländern des Trikont, der so genannten Dritten Welt, mit ein.

Wir diskutieren wieder über Prekarität. Das heißt, die Anzahl der Normalarbeitsverhältnisse" sinkt. Statt dessen arbeiten Millionen von Menschen in Teilzeit und Zeitverträgen, in Werkverträgen, als Scheinselbstständige unterhalb der Armutsgrenze, in Ein-Euro-„Jobs" und anderen öffentlichen Beschäftigungsmaßnahmen, als Leiharbeiter und in anderen prekären Verhältnissen.

Viele von uns nehmen jetzt auch ohne formalen Arbeitsplatz schon die unterschiedlichsten Tätigkeiten wahr. Sie arbeiten pflegerisch in der Familie, erziehen Kinder, sie bilden sich fort, arbeiten ehrenamtlich in verschiedenster Weise, arbeiten politisch, künstlerisch oder – auch das gibt es – sie teilen ihre Zeit auf andere Art und Weise auf, als dies in

Lohnarbeit geschieht. Es ist nicht so, dass der Arbeitsbegriff sich ändern muss: Er hat sich für Millionen von Menschen bereits geändert.

Der unhaltbare Zustand, mit dem jetzigen Regelsatz von „Hartz IV" zum Leben zuviel und zum Sterben zu wenig zu haben, muss beendet werden.

Die Praxis der JobCenter ist bundesweit erniedrigend, entwürdigend, unsozial und in Teilen nicht menschenwürdig. Um dem etwas entgegenzusetzen, stellen wir die Forderung nach einem Grundeinkommen auf.

Ein bedingungsloses Grundeinkommen und ein Existenzgeld sind möglich!

Hinrich Garms, BAG-SHI
unter Verwendung der Berechnungen von ***Wolfram Otto***
Weitere Informationen: [www.existenzgeld.de]

ACKERMANN, BRUCE / ALSTOTT, ANNE: Die Stakeholder-Gesellschaft. Ein Modell für mehr Chancengleichheit, Frankfurt / New York 2001.

ALMSICK, JOSEF VAN: Die negative Einkommensteuer – finanztheoretische Struktur, Arbeitsangebotswirkungen und sozialpolitische Konzeption, Berlin 1980.

ALTHAUS, DIETER: Thesen zum solidarischen Bürgergeld (Online-Dokument) [http://www.d-althaus.de/fileadmin/PDF/ThesenSolidarischen_B_rgergeld.pdf] [Zugriff 12.03.2007]

ALTHAUS, DIETER: Das solidarische Bürgergeld – mit einem bedingungslosen Grundeinkommen die Soziale Marktwirtschaft sichern (Online-Dokument) [http://www.d-althaus.de/fileadmin/PDF/BG-Pr_si2007kurz.pdf] [Zugriff 12.03.2007]

ALTHAUS, DIETER: Fragen und Antworten (Online-Dokument) [http://www.d-althaus.de/fileadmin/PDF/FAQs_Internetseite_Buergergeld 2-07.pdf] [Zugriff 12.03.2007]

ALTHAUS, DIETER: „Solidarisches Bürgergeld – Freistaat Thüringen" (Webseite) [http://www.thueringen.de/de/buergergeld/] [Zugriff 12.03.2007]

ALTHAUS, DIETER: „Mindestlohn? Nicht mit uns!" Interview in: SuperIllu vom 25.04.2007. [http://www.super-illu.de/aktuell/superstory_257257.html] [Zugriff 29.04.2007]

ALTHAUS, DIETER: 800 Euro für jeden? ntv-Interview vom 27. Februar 2007. [http://www.n-tv.de/771117.html] [Zugriff 13.04.2007]

ALTHAUS, DIETER: Artikel „Althaus für 42-Stunden-Woche", tagesschau.de vom 04. März 2006. [http://www.tagesschau.de/aktuell/meldungen/0,1185,OID5266394,00.html] [Zugriff 17.04.2007]

ALTHAUS, DIETER: Gesundheits- und Pflegepflichtversicherung, (Online-Artikel). [http://www.thueringen.de/de/buergergeld/konzept/gesundheits_und_ pflegepflichtversicherung/] [Zugriff 26.04.2007]

ALTVATER, ELMAR (HRSG.): Solidarische Ökonomie. Reader des Wissenschaftlichen Beirats von Attac, Hamburg 2006.

ANDERSEN, UWE: Monetarismus. In: Nohlen, Dieter (Hrsg.): Kleines Lexikon der Politik, München 2001.

ATTAC ÖSTERREICH (HRSG.): Ein hypothetisches Finanzierungsbeispiel für die Einführung eines Grundeinkommens (Online-Dokument). [http://www.archiv-grundeinkommen.de/attac-austria/attac-austria-ge-

finanzierung.pdf] [Zugriff 17.04.2007]
BAG DER SOZIALHILFEINITATIVEN (HRSG.): Existenzgeld für alle. Antworten auf die Krise des Sozialen, mit einem Beitrag von Herwig Büchele und einem Konzeptvergleich von Hinrich Garms, Neu-Ulm 2000.
BAG DER SOZIALHILFEINITATIVEN (HRSG.): „Selbstdarstellung". [http://www.bag-shi.de/wir/selbstdarstellung] [Zugriff 16.04.2007]
BEBEL, AUGUST: Die Frau und der Sozialismus, Berlin 1950. (Zuerst 1878)
BECK, ULRICH: Wohin führt der Weg, der mit dem Ende der Vollbeschäftigungs-gesellschaft beginnt? In: Ders. (Hrsg.): Die Zukunft von Arbeit und Demokratie, Frankfurt 2000, S. 7-66.
BIELINSKI, HARALD / BOSCH, GERHARD / WAGNER, ALEXANDRA: Wie die Europäer arbeiten wollen. Erwerbs- und Arbeitszeitwünsche in 16 Ländern, Frankfurt 2002.
BILD-ARTIKEL: „Neue Studie! Bürgergeld für alle spart 46 Millionen Euro" vom 26.03.2007.
BLASCHKE, RONALD: Weniger arbeiten! In: Blaschke, Ronald / Leibiger, Jürgen: Arbeitszeitverkürzung. Begründungen, Probleme, Lösungsansätze. Rosa-Luxemburg-Stiftung Sachsen: Texte zur politischen Bildung, Heft 32, Leipzig 2004, S. 20-34. [http://www.archiv-grundeinkommen.de/blaschke/weniger-arbeiten.pdf] [Zugriff 18.04.2007]
BLASCHKE, RONALD: Garantiertes Grundeinkommen. Entwürfe und Begründungen aus den letzten 20 Jahren. Frage- und Problemstellungen, 4. aktual. Ausg., Dresden 2004. [http://www.archiv-grundeinkommen.de/blaschke/eub.pdf] [Zugriff 18.04.2007]
BLASCHKE, RONALD: Arbeitszwang/Arbeitsverpflichtung - Verschiedene Bestimmungen und deren Bedeutung für ein Bedingungsloses Grundeinkommen (überarbeitete und ergänzte Fassung des Vortrages auf der Konferenz der Heinrich-Böll- Stiftung "Zukunft der Gerechtigkeit" am 11. Dezember 2004 in Berlin) Berlin 2005. [http://www.archiv-grundeinkommen.de/blaschke/best-200501.pdf] [Zugriff 18.04.2007]
BLASCHKE, RONALD: Garantierte Mindesteinkommen. Aktuelle Modelle von Grundsicherungen und Grundeinkommen im Vergleich, 1. aktual. u. erw. Ausgabe, Dresden 2005. [http://www.archiv-grundeinkommen.de/blaschke/synopse.pdf] [Zugriff 18.04.2007]
BLASCHKE, RONALD: Grundeinkommen zwischen Mindest- und Lebensstandardsicherung. Eine Orientierungshilfe im Zahlenlabyrinth, in: Exner, Andreas / Rätz, Werner / Zenker, Birgit (Hrsg.): Grundeinkommen. Soziale Sicherheit ohne Arbeit, Wien 2007 (im Erscheinen).

BLÜM, NORBERT: Wahnsinn mit Methode. Ein Grundeinkommen für alle ist ungerecht und bläht den Staat auf, in: DIE ZEIT, Nr. 17 vom 19.04.2007. [http://www.zeit.de/2007/17/Grundeinkommen?page=all] [Zugriff 21.04.2007]

BORCHARD, MICHAEL (HRSG.): Das Solidarische Bürgergeld. Analysen einer Reformidee, Stuttgart 2007.

BÜNDNIS 90/DIE GRÜNEN NRW (HRSG.): Freiheit statt Vollbeschäftigung? Ein Reader zur Debatte um bedingungsloses Grundeinkommen und Grundsicherung, Düsseldorf o.J.; [http://www.gruene-nrw.de/fileadmin/user_upload/Gruene_NRW/Arbeit-Soziales/reader_grundsicherung/Grundsicherung_72dpi.pdf] [Zugriff 25.04.2007]

BUNDESARBEITSGEMEINSCHAFT GRUNDEINKOMMEN IN UND BEI DER LINKSPARTEI.PDS (HRSG.): Einleitung zum Konzept für ein Bedingungloses Grundeinkommen, Fassung vom 16. Juli 2006. [http://www.die-linke-grundeinkommen.de/index.php? option=com_content&task=view&id=20&Itemid=9] [Zugriff 14.04.2007]

BUNDESMINISTERIUM FÜR GESUNDHEIT UND SOZIALE SICHERUNG (HRSG.): Lebenslagen in Deutschland. Der 2. Armuts- und Reichtumsbericht der Bundesregierung, Bericht, Berlin 2005. [http://www.bmas.bund.de/BMAS/Redaktion/Pdf/Lebenslagen-in-Deutschland-De-821,property=pdf,bereich=bmas,sprache=de,rwb=true.pdf] [Zugriff 24.04.2007]

BURIAN, PEGGY: Das garantierte Grundeinkommen. Grundlagen und Entstehung einer Idee von der Antike bis zum Beginn des 20. Jahrhunderts. Diplomarbeit, Leipzig 2006. [http://www.archiv-grundeinkommen.de/burian/Diplomarbeit-Burian-Ideengeschichte-Grundeinkommen.pdf] [Zugriff 16.01.2007]

DEUTSCHER BUNDESTAG (HRSG.): Bericht über die Höhe des Existenzminimums von Erwachsenen und Kindern für das Jahr 2008 (Sechster Existenzminimumbericht), Drucksache 16/3265 vom 02.11.2006, Berlin 2006. [http://dip.bundestag.de/btd/16/032/1603265.pdf] [Zugriff 17.04.2007]

ENGELS, WOLFRAM / MITSCHKE, JOACHIM / STARKLOFF, BERND: Staatsbürgersteuer. Bad Wörishofen 1974.

ENGLER, WOLFGANG: Bürger, ohne Arbeit. Für eine radikale Neugestaltung der Gesellschaft, Berlin 2005.

EICHLER, DANIEL: Armut, Gerechtigkeit und soziale Grundsicherung. Die Entwicklung und normative Rechtfertigung eines armutsvermeidenden und gerechten sozialen Grundsicherungsmodells in Anlehnung an die Theorie des unbedingten Grundeinkommens (unconditional basic income), Magisterarbeit, Frankfurt 2000. [http://publikationen.ub.uni-frankfurt.de/volltexte/2005/1527/] [Zugriff 12.03.2007]

EUCKEN, WALTER: Grundsätze der Wirtschaftspolitik. 3. Aufl., Tübingen und Zürich 1960.

EUROPÄISCHE STIFTUNG ZUR VERBESSERUNG DER LEBENS- UND ARBEITSBEDINGUNGEN (HRSG.): Vollzeit- oder Teilzeitbeschäftigung? Derzeitige Situation und Wünsche, Dublin o. J. [www.eurofound.eu.int/publications/files/EF0021DE.pdf] [Zugriff 02.01.2007]

FRIEDMAN, MILTON: Negative Income Tax – I, in: Newsweek 72, 16.09.1968, S. 53;

FRIEDMAN, MILTON: Negative Income Tax – II, Newsweek 72, 07.10.1968, S. 48.

FRIEDMAN, MILTON: The Case for the Negative Income Tax, in: Melvin Laird (Hrsg.): Republican Papers 1968, S. 202-220.

FRIEDMAN, MILTON: Alle sollten Margaret Thatcher und Ronald Reagan nacheifern, Interview, in: Die Welt vom 02.12.2005. [http://www.welt.de/print-welt/article181842/Alle_sollten_Margaret_Thatcher _ und _ Ronald_Reagan_nacheifern.html] [Zugriff 01.04.2007]

FRIEDMAN, MILTON: Kapitalismus und Freiheit. Geleitwort von Horst Siebert, Frankfurt, 3. Aufl. 2006. (amerik. Original: Capitalism and Freedom 1962, deutsch 1971)

FROMM, ERICH: Psychologische Aspekte eines garantierten Einkommens für alle, in: Opielka, Michael / Vobruba, Georg (Hrsg.): Das garantierte Grundeinkommen. Entwicklung und Perspektiven einer Forderung, Frankfurt 1986. Original in: Theobald, Robert (ed.): The guaranteed Income, New York 1966, S. 183-193.

FÜLLSACK, MANFRED: Leben ohne zu arbeiten? Zur Sozialtheorie des Grundeinkommens, Berlin 2002.

FÜLLSACK, MANFRED (HRSG.): Globale soziale Sicherheit. Grundeinkommen – weltweit? Berlin 2006.

GABLER-WIRTSCHAFTS-LEXIKON, Bd. 6 L-N, darin: Artikel „Negative Einkommensteuer“ und Artikel „Liberalismus“, 14., vollst. überarb. und erw. Aufl. Wiesbaden 1997.

GALL, LOTHAR (HRSG.): Liberalismus. Köln 1976.

GARMS, HINRICH: Das Konzept der BAG-SHI zum Existenzgeld, eine Form des bedingungslosen Grundeinkommens, Newsletter Nr.9 des Netzwerks Grundeinkommen, November 2006. [www.archiv-grundeinkommen.de/netzwerk/newsletter-nov-2006/garms.pdf]

GEBAUER, RONALD: Arbeit gegen Armut. Grundlagen, historische Genese und empirische Überprüfung des Armutsfallentheorems, Wiesbaden 2007.

GEBAUER, RONALD / PETSCHAUER, HANNA / VOBRUBA, GEORG: Wer sitzt in der Armutsfalle? Selbstbehauptung zwischen Sozialhilfe und Arbeitsmarkt, Berlin 2002.

GIEGOLD, SVEN / EMBSHOFF, DAGMAR (HRSG.): Solidarische Ökonomie im globalisierten Kapitalismus. In Kooperation mit der Bewegungsakademie und der „tageszeitung“, Hamburg 2007 (im Erscheinen).

GUBITZER, LUISE / HEINTEL, PETER: Koppeln oder Entkoppeln: Grundsicherung versus Grundeinkommen. In: Kitzmüller, Erich / Paul-Horn, Ina: Alternative Ökonomie. Wien / New York 1998.

HAUCH-FLECK, MARIE-LUISE: Rechnen, bis es passt. Die Bundesregierung manipuliert das Existenzminimum – zum Schaden aller Steuerzahler, in DIE ZEIT, 28.12.2006, Nr. 01, [http://zeus.zeit.de/text/2007/01/Argument.] [Zugriff 03.03.2007]

HAUSER, RICHARD: Ziele und Möglichkeiten einer Sozialen Grundsicherung, Baden-Baden 1996.

HOHENLEITNER, INGRID / STRAUBHAAR, THOMAS: Bedingungsloses Grundeinkommen und Solidarisches Bürgergeld – mehr als sozialutopische Konzepte, Hamburg 2007. [http://www.d-althaus.de/fileadmin/PDF/Grundeinkommen-Studie.pdf] [Zugriff 24.04.2007]

HÜTHER, MICHAEL: Die Faszination des Gleichgewichts, in: Ders. (Hrsg.): Klassiker der Ökonomie. Von Adam Smith bis Amartya Sen, Schriftenreihe der Bundeszentrale für Politische Bildung Nr. 611, Bonn 2006.

INSTITUT ZUR ZUKUNFT DER ARBEIT (IZA) (HRSG): „Solidarisches Bürgergeld" - ein Irrweg. IZA-Pressemitteilung, Bonn 23. März 2007. [www.iza.org/files/IZA-Presse-Althaus26032007.pdf] [Zugriff 17.04.2007]

JAHN, JENS EBERHARD: Zur Akzeptanz von Grundsicherung und Grundeinkommen in der Mitgliedschaft der Linkspartei.PDS, in: UTOPIE kreativ, H. 195, Januar 2007, S. 41-46.

KALTENBORN, BRUNO: Modelle der Grundsicherung. Ein systematischer Vergleich, Baden-Baden 1995.

KIPPING, KATJA: (Bundestags-Homepage) [http://www.bundestag.de/mdb/bio/K/kippika0.html] [Zugriff 24.04.2007]

KLAGES, HELMUT: Wertwandel und Gesellschaftskrise in der sozialstaatlichen Demokratie. In: Joachim Matthes (Hrsg.): Krise der Arbeitsgesellschaft? Verhandlungen des 21. deutschen Soziologentages in Bamberg 1982, Frankfurt / New York 1983, S. 309-320.

KNOTT, THILO / KOCH, HANNES: Das sind die Skeptiker, in: die tageszeitung Nr. 8136 vom 27.11.2006, S. 5.

KONRAD-ADENAUER-STIFTUNG E.V. (HRSG.): Das Ahlener Programm der CDU der britischen Zone vom 3. Februar 1947. [http://www.kas.de/publikationen/1997/813_dokument.html] [Zugriff 03.02.2007]

KOCH, HANNES: Visionen nach Hartz IV, in: die tageszeitung Nr. 8223 vom 12.3.2007, Seite 2.

KREUTZ, DANIEL: Bedingungsloses Grundeinkommen. Verwirrung, Fallen und Legenden, Artikel in: LinksNet.de vom 01.07.2005. [http://www.linksnet.de/artikel.php?id=2043] [Zugriff am 03.02.2007]

KROMPHARDT, JÜRGEN: Konzeptionen und Analysen des Kapitalismus. 4., durchges. und akt. Aufl., Göttingen 2004.

LAMPERT, HEINZ / ALTHAMMER, JÖRG: Lehrbuch der Sozialpolitik. Siebte, überarb. und vollst. aktual. Aufl., Berlin / Heidelberg / New York 2004,

LESSENISCH, STEPHAN (HRSG.): Wohlfahrtstaatliche Grundbegriffe. Historische und aktuelle Diskurse, Frankfurt / New York 2003.

MICHALSKY, HELGA: Sozialversicherung/Soziale Sicherheit. In: Nohlen, Dieter (Hrsg.): Kleines Lexikon der Politik, München 2001, S. 474-476.

MISES, LUDWIG VON: Artikel „Liberalismus II: Wirtschaftlicher Liberalismus“, in: Handwörterbuch der Sozialwissenschaften, 12 Bde., Bd. 6, Stuttgart / Tübingen / Göttingen 1959.

MITSCHKE, JOACHIM: Steuer- und Transferordnung aus einem Guss : Entwurf einer Neugestaltung der direkten Steuern und Sozialtransfers in der Bundesrepublik Deutschland. Baden-Baden 1985.

MITSCHKE, JOACHIM: Grundsicherungsmodelle – Ziele, Gestaltung, Wirkungen und Finanzbedarf. Eine Fundamentalanalyse mit besonderem Bezug auf die Steuer- und Sozialordnung sowie den Arbeitsmarkt der Republik Österreich, Baden-Baden 2000.

MITTELDEUTSCHER RUNDFUNK (MDR): "Erfurter Gespräch" vom 7.7.2003, Protokoll des Chats mit Althaus, Ramelow, Matschie, Most.
[http://www.mdr.de/erfurter-gespraech/807040.html] [Zugriff 17.04.2007]

NEUGEBAUER, GERO: Politische Milieus in Deutschland. Die Studie der Friedrich-Ebert-Stiftung, Bonn 2007.

NIEBEL, DIRK: Wer nicht sät, soll auch nicht ernten, in: FDP-Weblog-Artikel vom 26.04.2007 [http://blog.fdp.de/] [Zugriff 01.05.2007]

NOHLEN, DIETER (HRSG.): Kleines Lexikon der Politik, München 2001.

OPIELKA, MICHAEL: Sozialpolitik. Grundlagen und vergleichende Perspektiven, Reinbek 2004.

OPIELKA, MICHAEL / STRENGMANN-KUHN, WOLFGANG: Das solidarische Bürgergeld. Finanz- und sozialpolitische Analyse eines Reformkonzepts, Studie im Auftrag der Konrad-Adenauer-Stiftung, unter Mitarbeit von Bruno Kaltenborn. Überarbeitete Fassung der gleichnamigen Studie vom Oktober 2006, in: Borchard, Michael (Hrsg.): Das Solidarische Bürgergeld. Analysen einer Reformidee, Stuttgart 2007, S. 13-141.

PORESKI, THOMAS / EMMLER, MANUEL: „Die Grüne Grundsicherung“. Ein Diskussionspapier für den Zukunftskongress von Bündnis 90/Die Grünen, Version 1.0, 7. Juni 2006.

PORESKI, THOMAS / EMMLER, MANUEL: Die Grüne Grundsicherung in Kürze, „Version 1.2" (ergänzt), 02.11.2006.

PTAK, RALF: Ordoliberalismus – Zur Entwicklung des Neoliberalismus in Deutschland, in: Goldschmidt, Werner / Klein, Dieter / Steinitz, Klaus (Hrsg.): Neoliberalismus – Hegemonie ohne Perspektive. Beiträge zum 60. Geburtstag von Herbert Schui, Heilbronn 2000, S. 194-212.

RÄTZ, WERNER / PATERNOGA, DAGMAR / STEINBACH, WERNER: Grundeinkommen: bedingungslos. AttacBasisTexte Nr. 17, Hamburg 2005.

RAWLS, JOHN: Eine Theorie der Gerechtigkeit, Frankfurt 1975. (Original: A Theory of Justice, 1971)

REINHARDT, UWE E.: Vorwort zur Originalausgabe. In: Rice, Thomas: Stichwort: Gesundheitsökonomie. Eine kritische Auseinandersetzung, Bonn 2004, S. 14-18. [http://www.payer.de/arztpatient/gesundheitsoekonomie.htm#4.] [Zugriff 02.03.2007]

REESE-SCHÄFER, WALTER: Politische Theorie der Gegenwart in fünfzehn Modellen, München und Wien 2006.

REESE-SCHÄFER, WALTER: Klassiker der politischen Ideengeschichte. Von Platon bis Marx, München und Wien 2007.

RHYS-WILLIAMS, LADY JULIET E.: Something to Look Forward to, London 1943.

RHYS-WILLIAMS, LADY JULIET E.: Taxation and Incentives, London 1953.

RIFKIN, JEREMY: Das Ende der Arbeit und ihre Zukunft. Neue Konzepte für das 21. Jahrhundert, Frankfurt / New York, (zuerst 1995), erweiterte Neuausgabe 2004.

ROTH, RAINER: Zur Kritik des bedingungslosen Grundeinkommens, 2. Aufl., Frankfurt 2006.

ROTHGANG, HEINZ / WASEM, JÜRGEN / GREß, STEFAN: Kopfprämienmodelle in der GKV. Lohnt sich ein Systemwechsel? Aktualisierte und erweiterte Expertise für die Hans-Böckler-Stiftung, Essen 2005. [http://www.uni-essen.de/fb5/pdf/140.pdf] [Zugriff 15.04.2007]

RUSSELL, BERTRAND: Lob des Müßiggangs, in: Ders.: Lob des Müßigangs. Aus dem Englischen von Elisabeth Fischer-Wernecke, 2. Aufl. 2003, S. 9-31. (engl. Original: *In praise of Idleness*, London 1935).

SACHVERSTÄNDIGENRAT ZUR BEGUTACHTUNG DER GESAMTWIRTSCHAFTLICHEN ENTWICKLUNG (HRSG.): Mehr Wachstum, Mehr Beschäftigung. Jahresgutachten 1977/78, Stuttgart / Mainz 1977, Ziffer 242.

SCHILLER, THEO: Liberalismus. In: Nohlen, Dieter (Hrsg.): Kleines Lexikon der Politik, München 2001, S. 277-282.

SCHULER, KATHARINA: Arbeiten für Essen. Was bedeutet Hartz IV? SPD-Arbeitsminister Franz Müntefering hat es auf seine Weise erklärt. „Wer nicht arbeitet, soll auch nicht essen", sagte er, in: ZEIT online, 10.05.2006. [Zugriff 02.04.2007] http://zeus.zeit.de/text/online/2006/20/Schreiner

SESSELMEIER, WERNER / KLOPFLEISCH, ROLAND / SETZER, MARTIN: Mehr Beschäftigung durch eine Negative Einkommensteuer. Zur beschäftigungspolitischen Effektivität und Effizienz eines integrierten Steuer- und Transfersystems, Frankfurt 1996.

SMITH, ADAM: Der Wohlstand der Nationen. Eine Untersuchung seiner Natur und seiner Ursachen, Übers. Horst Claus Recktenwald. 5. Aufl. München 1990. (engl. Original 1776)

SOMMER, MICHAEL: "Pläne der Union werden Ärger geben", Interview, in: Die Welt vom 08.07.2002. [http://www.welt.de/print-welt/article398767/ Plaene_der_Union_werden_Aerger_geben.html] [Zugriff 28.04.2007]

SPERMANN, ALEXANDER: Negative Einkommensteuer, Lohnsubventionen und Langzeitarbeitslosigkeit. Finanzwissenschaftliche Schriften Bd. 104; Frankfurt et al 2001. (Zugl.: Univ. Freiburg (Breisgau); Habil. 1999.)

STATISTISCHES BUNDESAMT (HRSG.): Armut und Lebensbedingungen. Ergebnisse aus LEBEN IN EUROPA für Deutschland 2005, Wiesbaden 2006. [http://www.destatis.de/download/d/dt_erheb/eu_silc_end.pdf] [Zugriff 02.04.2007]

STARBATTY, JOACHIM: Der Herold der „New Economy" und der Metropole, in: Klassiker der Ökonomie. Von Adam Smith bis Amartya Sen, Schriftenreihe der Bundeszentrale für Politische Bildung Nr. 611, Bonn 2006.

STREIT, MANFRED E.: Der Neoliberalismus – Ein fragwürdiges Ideensystem? In: ORDO Bd. 57, Stuttgart 2006.

TAURECK, BERNHARD H.F.: Die Menschenwürde im Zeitalter ihrer Abschaffung. Eine Streitschrift, Hamburg 2006.

VANDERBORGHT, YANNICK / VAN PARIJS, PHILIPPE: Ein Grundeinkommen für alle? Geschichte und Zukunft eines radikalen Vorschlags. Mit einem Nachwort von Claus Offe, Frankfurt / New York, 2005.

VAN PARIJS, PHILIPPE: Real Freedom for all. What (if anything) can justify capitalism? Oxford 1995.

VOBRUBA, GEORG: Arbeiten und Essen: Politik an den Grenzen des Arbeitsmarktes, Wien 1989.

VOBRUBA, GEORG: Ende der Vollbeschäftigungsgesellschaft, in: Zeitschrift für Sozialreform 1998, S. 77-79.

VOBRUBA, GEORG: Alternativen zur Vollbeschäftigung. Die Transformation von Arbeit und Einkommen, Frankfurt 2000.

WEEBER; JOACHIM: Monetäre Mindestsicherungsleistungen in der Bundesrepublik Deutschland: Bestandsanalyse, Konzeptionen und Folgewirkungen, Frankfurt 1990.

WEBER, MAX: Die ‚Objektivität' sozialwissenschaftlicher und sozialpolitischer Erkenntnis, in: ders.: Gesammelte Aufsätze. Band 7, 7. Aufl., Tübingen, 1988 (Original 1904), S. 146-214.

WERNER, GÖTZ W.: Ein Grund für die Zukunft: das Grundeinkommen. Interviews und Reaktionen, 4. Aufl., Stuttgart 2006.

WERNER, GÖTZ W: Einkommen für alle, Köln 2007.

WERNER, GÖTZ W: „Unternimm die Zukunft" (Internetportal) [http://www.unternimm-die-zukunft.de/] [Zugriff 14.04.2007]

WILKE, MARTIN: Finanzierungsmodelle für ein Bedingungsloses Grundeinkommen, überarbeitete Fassung vom März 2007, Online-Dokument, [www.martinwilke.de/Finanzierung_Bedingungsloses_Grundeinkommen.pdf] [Zugriff 16.04.2007]

WILLKE, GERHARD: Neoliberalismus. Frankfurt und New York 2003.

ZINTL, REINHARD: Die libertäre Sozialstaatskritik bei von Hayek, Buchanan und Nozick. In: Kersting, Wolfgang (Hrsg.): Politische Philosophie des Sozialstaats, Weilerwist 2000, S. 95-119.